Estoicismo:

Doble beneficio: Piensa como un emperador romano: La guía para principiantes sobre la resiliencia emocional y la filosofía estoica de Marco Aurelio

Table of Contents

Table of Contents 2
Introducción: Tomando el Control en un Mundo por Ti 9
Capítulo 1: Estoicismo 13
   Una forma de vida 13
      Definiendo los Términos 18
      Lo que el estoicismo no es 20
Capítulo 2: Historia del estoicismo 25
   Orígenes Antiguos 26
      Marcus Aurelius 28
      Estoicismo Moderno 32
Capítulo 3: Percepción 36
   La distancia entre el mundo y nuestra percepción 36
      Un cambio en la percepción 40
      Separar Aceptación de Acuerdo 42
Capítulo 4: Pasiones 47
   Examinando las Pasiones 48
      El Problema Único del Dolor 52
      Logrando un Equilibrio 56
Capítulo 5: Tomar Acción 60
   No más filósofos de sillón 60
      Superando la Parálisis por Análisis 64
      Moviéndose Rápida y Audazmente 68
Capítulo 6: Lente Estoica 73
   Ni pesimismo ni optimismo 74
      Leyendo Más Allá de los Titulares 76

Memento Mori 80
Capítulo 7: Viviendo de Acuerdo con la Naturaleza 85
El Mundo Natural, Por Dentro y Por Fuera 85
El Estado No Natural de la Vida Moderna 89
Cortando el desorden y encontrando el control 91
Capítulo 8: Estoicismo y Psicología 95
La filosofía antigua se encuentra con la ciencia moderna ... 96
Terapia Cognitivo-Conductual 99
Trabajando con la Química Cerebral Única que Tienes . 103
Capítulo 9: Aceptando lo Inaceptable 107
Lidiar con el Dolor y el Sufrimiento 107
Procesando el duelo 110
Interactuar con los demás 113
Capítulo 10: Estoicismo en la Práctica 118
Separando Entrada y Acción 119
Abrazando la incomodidad/Practicando la desgracia ... 121
Movimiento Constante Hacia Adelante 125
Conclusión: Una filosofía para la vida 129
Introducción 135
Capítulo 1: ¿Estoicismo? 137
10 principios clave del estoicismo 139
¿Cómo se ve un estoico? 140
Capítulo 2: La historia del estoicismo 145
Capítulo 3: Pensador imparcial 149
Capítulo 4: La Importancia del Autocontrol 153
Capítulo 5: Usando el Estoicismo para Liberarse de los Celos y la Codicia 155

Capítulo 6: Cómo Superar Emociones Destructivas 161

Capítulo 7: Cómo utilizar el estoicismo para enfrentar la negatividad en tu vida 165

Capítulo 8: Estoicismo en Tu Vida Moderna 167

Capítulo 9: Los métodos estoicos para ayudar a mejorar tu vida moderna 173

Capítulo 10: ¿Implementar el estoicismo en mi vida? 181

    Te ayuda a construir mejores relaciones 181

    Te ayuda a no preocuparte por las pequeñas cosas 182

    Te ayuda a tener más control sobre tu vida 183

    Puede ayudarte a manejar el estrés mejor. 184

    Te ayuda a vivir en el momento presente 185

    Te ayuda a dejar de importar lo que los demás piensen de ti. 186

    Aprende a estar agradecido por lo que tienes 186

Capítulo 11: ¿Es posible volverse demasiado estoico? 188

Capítulo 12: Cómo utilizar el estoicismo a largo plazo 191

    Usando el Estoicismo para planificar tu futuro 194

ESTOICISMO

LA GUÍA PARA PRINCIPIANTES

SOBRE RESILIENCIA EMOCIONAL Y POSITIVIDAD. PIENSA COMO UN EMPERADOR ROMANO

Derechos de autor 2024 Robert Clear - Todos los derechos reservados.

El contenido contenido en este libro no puede ser reproducido, duplicado ni transmitido sin el permiso escrito directo del autor o del editor.

Bajo ninguna circunstancia se atribuirá ninguna culpa o responsabilidad legal al editor o al autor por cualquier daño, reparación o pérdida monetaria debido a la información contenida en este libro, ya sea de forma directa o indirecta.

Aviso Legal:

Este libro está protegido por derechos de autor. Es solo para uso personal. No puedes modificar, distribuir, vender, usar, citar o parafrasear ninguna parte, o el contenido dentro de este libro, sin el consentimiento del autor o del editor.

Aviso de exención de responsabilidad:

Por favor, tenga en cuenta que la información contenida en este documento es solo para fines educativos y de entretenimiento. Se ha realizado todo el esfuerzo para presentar información precisa, actualizada, confiable y completa. No se declaran ni se implican garantías de ningún tipo. Los lectores reconocen que el autor no está ofreciendo asesoramiento legal, financiero, médico o profesional. El contenido de este libro se ha derivado de diversas fuentes. Por favor, consulte a un profesional autorizado antes de intentar cualquier técnica descrita en este libro.

Al leer este documento, el lector acepta que bajo ninguna circunstancia el autor es responsable de cualquier pérdida, directa o indirecta, que se incurra como resultado del uso de la información contenida en este documento, incluyendo, pero no limitado a, errores, omisiones o inexactitudes.

Introducción: Tomando el Control en un Mundo por Ti

Debemos estar en control.

Estamos viviendo en una era en la que los humanos han aprendido a aprovechar y dominar las fuerzas de la naturaleza de maneras que nos harían parecer divinos ante los hombres antiguos. Podemos volar por el cielo como Apolo, podemos enviar mensajes más rápido de lo que Hermes podría haber soñado jamás, y nuestras plantas de energía nuclear pueden hacer que Zeus y sus rayos queden en ridículo.

Entonces, ¿por qué es que la persona promedio siente que está perdiendo el control en lugar de ganarlo?

La humanidad ha podido transformar tantas cosas desde los antiguos griegos, pero una de las pocas cosas que no ha cambiado es la naturaleza humana misma. La tecnología ha crecido a pasos agigantados mientras la evolución humana continúa avanzando a un ritmo de tortuga.

Nosotros, como especie, hemos estado tan ocupados tratando de controlar el mundo exterior que muchos de nosotros nunca encontramos el tiempo para mirar hacia adentro. Es tan fácil pensar que si ganamos un poco más de dinero, convencemos a más personas de que les gustamos, o perdemos un poco de grasa abdominal, entonces finalmente alcanzaremos la felicidad y el control.

Tómate un momento para pensar en todos los grandes y

poderosos hombres y mujeres que parecían tenerlo todo, pero terminaron perdiéndolo todo debido a malas decisiones o problemas emocionales.

Probablemente no necesites pensar mucho para elaborar una lista impresionante. La historia está llena de tales relatos trágicos. Pero lo que es aún peor son todas las historias no contadas de tragedias personales sufridas por individuos que no llegaron a los libros de historia. Todos tenemos nuestros demonios personales, pero demasiadas personas caen víctimas de ellos sin nunca enfrentarlos.

Si quieres lograr una verdadera confianza, serenidad y control en tu vida, entonces necesitas dejar de intentar controlar el mundo que te rodea y comenzar a tomar control de ti mismo.

De eso se trata el estoicismo. Puede que sea una filosofía antigua, pero las necesidades que aborda siguen siendo tan reales como siempre. Un soldado romano con un gladio en sus manos puede parecer completamente diferente de un soldado moderno con un rifles en sus manos, pero los pensamientos y emociones que atraviesan sus mentes serían similares.

Es fácil pensar que, debido a que el mundo de hoy está cambiando tan rápidamente, necesitamos ideas que sean tan modernas como nuestros gadgets. Pero hasta ahora, no se ha inventado ninguna tecnología que haya cambiado fundamentalmente la naturaleza humana o la mente humana. Puedes tener un teléfono inteligente, un coche y un robot que aspire tu casa, pero tu cerebro luciría igual que el cerebro de un antiguo emperador romano.

Por eso, muchas personas modernas están mirando hacia la sabiduría de los antiguos. Quieren descubrir las soluciones a estos problemas eternos que fueron ideados por personas que no estaban distraídas por la tecnología moderna. Los antiguos estoicos no podían contar con una aplicación para resolver sus problemas, no podían buscar una sustancia química para reprogramar su cerebro, y definitivamente no podían esperar lograr la vida eterna utilizando la criogenia. Tenían que utilizar sus habilidades y capacidades humanas innatas para tomar el control de sí mismos.

Esto no significa que los estoicos modernos tengan que ser luditas que renuncian a toda tecnología. La ciencia y la medicina modernas son cosas maravillosas. No pienses ni por un segundo que alguna filosofía puede reemplazar un viaje al médico. Pero cualquier científico o médico te dirá que también hay límites en sus oficios. La ciencia puede explicar cómo funciona la vida y los médicos pueden ayudarte a vivir una vida saludable, pero ni la ciencia ni la medicina pueden explicar el significado de la vida. Esa es una pregunta filosófica.

Si bien la ciencia nos ha ayudado a lograr muchas cosas maravillosas, aún tiene sus limitaciones. La verdad es que, incluso con todos los avances en la tecnología moderna, aún estamos muy lejos de lograr algo cercano al control total del mundo que nos rodea. Y, aunque pudiéramos controlar la materia y la energía, no cambiaría nuestras emociones básicas y patrones de pensamiento.

tantas cosas en esta vida nunca estarán bajo tu control. La única cosa que realmente puedes dominar en este mundo eres tú mismo. En este libro te mostraremos cómo tomar control de tu mente, y una vez que tengas ese control, puedes comenzar a tomar control de tu vida.

El estoicismo no puede prometerte una vida perfecta. No puede prometerte una vida saludable. Pero si te tomas el tiempo para estudiarlo cuidadosamente y poner sus conceptos en práctica, entonces puedes enfrentar los altibajos de la vida con sabiduría y perspectiva. En lugar de ser arrastrado por la vida como un tronco en un río caudaloso, puedes tomar el control y trazar tu propio camino hacia adelante.

El poder de cambiar está dentro de ti. El camino hacia la iluminación ha sido escrito para ti durante miles de años. Solo es cuestión de asimilar esa antigua sabiduría y ponerla en práctica. Si puedes dar esos pasos, entonces podrás ver tu vida transformarse de adentro hacia afuera.

Capítulo 1: Estoicismo

El hombre conquista el mundo al conquistar a sí mismo.

—Zenón de Citio

Antes de profundizar en los aspectos específicos del estoicismo, será útil echar un vistazo a la imagen global. Piénsalo como mirar un mapa de una ciudad antes de decidir comenzar a conducir por las calles individuales.

En este capítulo, veremos qué es y qué no es el estoicismo en términos amplios. Una vez que terminemos con este paso, estarás listo para sumergirte en los detalles más específicos de este sistema filosófico y en las formas prácticas en que puedes aplicarlo en tu vida.

Comencemos tu viaje estoico.

Una forma de vida

El estoicismo es una filosofía. Esto puede sonar dolorosamente obvio, pero la verdad es que la mayoría de las personas modernas tienen una comprensión muy vaga de lo que es una filosofía. La mayoría de la gente diría que es un sistema para pensar sobre el mundo que los rodea, cuando la realidad es que es mucho más.

Los filósofos siempre han sido definidos por la forma en que piensan sobre el mundo. Están obsesionados con considerar cuidadosamente y de manera sistemática sus creencias. Pero este proceso no es solo pensar por pensar. Sócrates, el padre de la filosofía occidental, dejó en claro que el objetivo final de la filosofía era vivir una buena vida. La idea era que reflexionaras sobre cuestiones de ética, lógica y significado de maneras cuidadosas para que pudieras vivir la mejor vida posible.

Los antiguos estoicos creían que no era suficiente simplemente tener las creencias correctas, debías poner esas creencias en práctica.

Entonces, con eso en mente, podemos examinar exactamente en qué creen los estoicos al explorar las diferentes formas en que abordan la vida.

Viviendo en conformidad con la realidad

El estoicismo es una filosofía que está llena de ideas que parecen lo suficientemente simples pero que pueden ser bastante complejas en la práctica. Esto comienza con la idea de que un estoico debe aceptar la realidad tal como es.

Pocas personas creen que están viviendo en rebelión contra la realidad. Caminamos con los ojos y oídos abiertos y absorbemos lo que nos rodea. ¿Qué podría ser más simple que eso?

Pero el estoico enfatiza la importancia de las creencias. La mayoría de nosotros filtramos lo que absorbemos a través de una lente distorsionadora de la realidad basada en creencias. Somos rápidos para aplicar etiquetas como "bueno" y "malo", "correcto" y "incorrecto". La naturaleza humana impulsa a las personas a aplicar etiquetas rápidas y limpias a todo lo que encuentran, pero el estoicismo señala que esto puede dificultar vivir con el mundo tal como es realmente cuando nos atrapamos tanto en lo que debería ser.

Esto no significa que los estoicos sean relativistas morales que creen que las preguntas morales son insignificantes. Como veremos más adelante, las cuestiones sobre la virtud son clave para la filosofía estoica. Más bien, los estoicos creen que nuestro impulso de etiquetar las cosas lo antes posible crea muchos problemas y dificulta que abordemos de manera significativa otros temas.

Pregúntate esto: ¿cuántas veces has dejado que un problema se saliera de control porque te convenciste de que en realidad no era un problema y simplemente lo ignoraste? ¿O cuántas veces te has alterado por un asunto que etiquetaste como insuperable, solo para descubrir que no era tan grave después de que realmente te pusiste a trabajar en ello?

La persona promedio sufre una vida llena de heridas autoinfligidas debido a su incapacidad para enfrentar la realidad tal como es. Nuestras emociones convierten montañas en collados y collados en montañas. La solución estoica es examinar el mundo con ojos desapasionados.

Viviendo en Aceptación del Destino

Otro punto central del estoicismo es la supremacía del destino. Es fácil ver esto como la creencia de que la vida está fuera de tu control, pero en realidad se trata de reconocer los límites de tu control. Los estoicos creían que cada humano solo controla una cosa en este mundo gigante y increíblemente complejo: su propia mente.

Algunas personas oyen esto y lo ven como deprimente. Los humanos, por naturaleza, sobreestiman lo que controlan. Considera el hecho de que tantos aficionados a los deportes piensan que la ropa que llevan puesta podría ser el factor decisivo en el rendimiento de su equipo favorito en el gran juego. Ser recordado del hecho de que esto es falso puede ser visto como frustrante para un aficionado que se siente impotente sin tal control, pero también puede permitirles reclamar control en otras áreas.

Tantas personas pasan toda su vida tratando de controlar cosas sobre las que no tienen poder mientras ignoran las cosas que sí pueden controlar. Piensa en todas las personas atrapadas en relaciones poco saludables donde luchan por cambiar a su pareja mientras no hacen ningún esfuerzo por cambiarse a sí mismas o terminar la relación y buscar a alguien que sea más compatible.

No puedes controlar a otras personas. Puede que haya cosas que puedas hacer para influir en ellas, pero nunca podrás tener nada cerca del mismo nivel de control que tienes sobre ti mismo. Aun así, si intentas tomar el control de tus propios pensamientos y acciones, probablemente te darás cuenta de que no estás en completo dominio.

El estoicismo trata de dejar ir lo que no puedes controlar y concentrarte en lo que puedes. Esto es lo que significa la aceptación del destino. La gran ironía es que solo cuando aceptas tus limitaciones podrás alcanzar tu máximo potencial.

Viviendo en la Búsqueda de la Virtud

Una cosa que a menudo se pierde cuando las personas presentan versiones más "autoayuda" del estoicismo es el énfasis que los antiguos estoicos ponían en la virtud. Creían que ser un estoico significaba más que simplemente mantenerse firme y mantener la cabeza en alto. Muchos señalarían que este tipo de comportamiento no fue inventado por sus filósofos y se podía ver en el comportamiento de todo tipo de personas. Lo que separaba a un estoico con mayúscula S de alguien con estoicismo con minúscula s era este énfasis.

La palabra "virtud" es uno de esos términos que suena bastante simple hasta que intentas y defines cuidadosamente lo que significa. La mayoría de las personas están de acuerdo en que deberíamos ser virtuosos, pero hay grandes desacuerdos sobre lo que eso significa. Para los fines de esta introducción, definiremos la virtud como vivir una vida que ejemplifique ciertas cualidades.

Las Cuatro Cualidades Virtuosas
1. Sabiduría
2. Valor
3. Autocontrol
4. Justicia

Una lectura superficial de la literatura estoica podría llevarte a creer que el estoicismo es una filosofía negativa, centrada en lo que debes evitar. Pero esto no podría estar más alejado de la verdad. El estoicismo no se trata solo de evitar pasiones destructivas, también se trata de cultivar virtudes positivas. Cualquier comprensión que se enfoque solo en un lado de esta ecuación es incompleta y engañosa.

Desarrollo Constante

Lo último que deberías entender sobre el estoicismo es una de las cosas más importantes, la respuesta del estoico a la pregunta más grande del universo: ¿cuál es el significado de la vida?

El estoicismo dice que estamos en esta tierra para poder desarrollar nuestras virtudes con cada oportunidad que se nos brinda. Dice que cada circunstancia, sin importar cuán positiva o negativa pueda parecer a primera vista, nos ofrece una oportunidad para crecer y mejorar como seres humanos. Hacemos esto desechando pasiones negativas, construyendo virtudes personales y viviendo en armonía con la naturaleza.

Así que, como ves, cada parte individual del estoicismo se une al final para formar un todo mayor. Claro, se trata de perseverar a través de momentos difíciles, pero también es mucho más. Se trata de vivir una vida activa y productiva que produzca felicidad y buena salud. Se trata de aprovechar al máximo la vida cuando las circunstancias parecen malas y de disfrutar al máximo la vida cuando las cosas parecen ir bien.

El estoicismo es una forma de ver el mundo, una forma de vivir la vida y una forma de asegurarte de que, una vez que llegues al final, no tengas arrepentimientos de los que hablar.

Definiendo los Términos

En este libro te encontrarás con una serie de términos que son tanto muy importantes como usados de maneras muy particulares. El estoicismo tiene un rico léxico de terminología que necesitas entender si quieres darle sentido a la filosofía. Mientras que algunos estoicos utilizan una gran cantidad de jerga griega y latina, en este libro generalmente nos adentraremos en las traducciones más comunes al inglés para que el mensaje sea lo más fácil de entender posible.

Pasión

Una cosa que tienes que entender es que el estoicismo a menudo implica palabras que se utilizan de cierta manera en la vida normal, pero que adquieren un significado especial cuando se utilizan en el contexto de la filosofía estoica. Pasión es una de estas palabras.

Cuando se utiliza en la vida normal, la pasión generalmente tiene connotaciones positivas, pero en el estoicismo la pasión es generalmente negativa. Los estoicos utilizan la palabra pasión para referirse a las emociones negativas. Estas son emociones que alejan a las personas de la virtud y las llevan hacia el vicio. Las pasiones son emociones que deben ser evitadas y minimizadas, ya que los estoicos intentan enfatizar emociones más virtuosas.

Destino

Los antiguos estoicos creían en un sentido más literal del destino como un gran plan para el universo en el que todos tenían un papel que desempeñar. Pero en el estoicismo moderno, el destino se entiende generalmente como todo lo que está más allá de nuestro control como individuos. Puedes controlar las acciones que tomas, pero el destino está a cargo de lo que los que te rodean podrían elegir hacer. La aceptación del destino es una parte importante del estoicismo, siendo la idea que ayuda a enfocarte en lo que puedes controlar en lugar de en todas las cosas que están más allá de tu mando.

Virtud

Este término ya fue mencionado en el último segmento, pero vale la pena repasarlo de nuevo. Los estoicos enseñaron que la virtud es el punto de la vida y el bien supremo. La virtud es una gran idea que se compone de ideas más pequeñas. Estas son la sabiduría para saber cómo actuar, el coraje para tomar las acciones adecuadas, el autocontrol necesario para restringirse de actuar de manera inapropiada, y la justicia necesaria para tratar a los demás de manera justa y constructiva. Puedes entender vivir virtuosamente como actuar y pensar de la manera correcta.

Por supuesto, lo que es bueno es una pregunta que está más allá del alcance de este libro. Dado que este es un libro que está diseñado para ser utilizado por personas de todas las creencias y ámbitos de la vida, mantendremos el uso de este término algo vago. Esperamos que tengas tus propias creencias morales y éticas que puedas considerar cuando se mencione el tema de la virtud. Si no las tienes, entonces ahora sería un buen momento para hacer una introspección y determinar en qué crees verdaderamente sobre lo correcto y lo incorrecto, lo bueno y lo malo.

Salmón

Un sabio es un estoico que ha alcanzado la iluminación. Ha podido deshacerse de las cadenas de la pasión y vivir en perfecta armonía con la naturaleza. Ha conquistado la ilógica y ha llegado a poseer perfecta razón y felicidad. Esta es la etapa que todo estoico aspiraba a alcanzar, pero casi ninguno lo logró.

Hay una cuestión de si es realista o no esperar realmente alcanzar el estatus de Sabio, pero incluso si no lo es, sigue siendo valioso como un ideal por el que la gente puede esforzarse mientras practica el estoicismo. El sabio estoico puede así ser visto como un ideal conceptual de cómo deberían ser las personas, establecido para que todos podamos saber hacia qué deberíamos trabajar (Pigliucci, 2017).

Lo que el estoicismo no es

Dicen que un poco de sabiduría puede ser más peligroso que la ignorancia. Eso se aplica a muchas cosas en la vida, y es especialmente cierto con el estoicismo. La filosofía no es demasiado difícil de entender, pero muchas personas aún llegan a conclusiones erróneas basadas en su comprensión limitada. A veces, entender requiere más que saber qué es algo, también debes comprender qué no es. Por eso está aquí esta sección.

Despejemos algunos de los mitos más comunes que rodean al estoicismo.

El estoicismo no se trata de aceptar todo como es.

Demasiadas personas piensan que los estoicos son alfombras que la gente puede pisotear. La palabra puede evocar la imagen de los guardias en el Palacio de Buckingham, cuya tarea es permanecer completamente inmóviles. Incluso cuando los turistas actúan como idiotas y maníacos, el trabajo del guardia es no mostrar emociones. Pero cualquiera que haya tratado de tocar a uno de esos guardias te dirá que cuando se cruza una línea, actúan con fuerza. Lo mismo ocurre con los estoicos.

El estoicismo trata de aceptar las cosas tal como son, pero eso no significa que no puedas trabajar para cambiar las cosas. La aceptación estoica consiste en ver el mundo tal como realmente es para que puedas actuar correctamente. Si tu casa se está incendiando, lo primero que necesitas hacer es aceptar que tu casa se está incendiando. Pretender que todo está bien no salvará tu propiedad, solo te impedirá tomar las acciones necesarias para limitar el daño.

El filósofo estoico más famoso, Marco Aurelio, fue el emperador de la superpotencia más grande del mundo. Los proponentes modernos de la filosofía incluyen artistas, atletas profesionales y directores ejecutivos. Aunque no tienes que ser increíblemente ambicioso para ser estoico, no deberías sentir que el estoicismo podría impedirte alcanzar tus objetivos. En realidad, es exactamente lo contrario, el estoicismo puede ayudarte a cambiar el mundo al ayudarte a cambiar a ti mismo.

El estoicismo no se trata de no tener emociones

Es fácil imaginar a los estoicos como robots.

El estoicismo no se trata de eliminar las emociones, se trata de aprender a controlarlas. El estoico es como un jardinero emocional, nutriendo las emociones que desean ver crecer mientras trabajan contra las emociones no deseadas. Así como las plantas siempre necesitarán agua y las malas hierbas siempre seguirán volviendo, las emociones nunca desaparecen por completo. Pero un estoico es como una persona con un jardín que ha sido cuidadosamente cultivado para satisfacer sus necesidades, mientras que muchas personas han permitido que sus jardines mentales crezcan desordenados con todo tipo de malas hierbas.

Así que, si estás preocupado por convertirte en un robot, puedes dejar de lado tus preocupaciones. Si esperabas convertirte en un robot, lamento desilusionarte. Pero si aprendes y sigues el camino del estoicismo, aprenderás que tus emociones no necesitan ser tus enemigas. También pueden ser usadas para impulsarte a alturas desconocidas.

El estoicismo no es solo para un tipo de persona.

Mientras que las otras ideas erróneas que hemos examinado antes tienden a provenir de personas que no han estudiado el estoicismo, esta es una idea que con demasiada frecuencia es difundida por personas que estudian el estoicismo. Les gusta tanto que se convierte en parte de su identidad. Esto los lleva a volverse demasiado protectores, constantemente en busca de cualquier persona que pueda violar su querido sistema de creencias.

Algunos de estos individuos son académicos que están descontentos con la popularización moderna del estoicismo. Lo ven como una forma "diluida" de estoicismo. También dirán que se aleja demasiado de los pensadores originales.

Esta perspectiva es más difícil de refutar porque hay algo de verdad en ella. El estoicismo popular puede ser bastante diferente del estoicismo que practicaba Zenón de Cicio. Pero el hecho es que diferentes ramas dentro del estoicismo empezaron a surgir poco después de la muerte de su fundador. A lo largo de la historia de la escuela es fácil reconocer el estoicismo como una filosofía práctica más que como un dogma. Mientras que algunas verdades fundamentales deberían permanecer, tiene sentido que las personas adapten las creencias a su tiempo y propósitos, así como lo hicieron los romanos cuando adoptaron el estoicismo de los griegos.

Avanzando

Una de las lecciones del estoicismo es que debemos dejar de lado nuestras nociones preconcebidas si queremos ver el mundo tal como es realmente. Eso también se aplica al estudio del estoicismo. Trata de dejar a un lado cualquier suposición que puedas tener basada en referencias pasajeras. Si entras con una mente abierta, entonces es más probable que veas los cambios que estás buscando cuando todo esté dicho y hecho.

Conclusión Práctica

En este libro se te proporcionará mucha información sobre qué es el estoicismo, pero ¿has pick up this book para aprender sobre la historia de la filosofía? ¿O quieres cambiar tu vida? Si quieres ver un cambio real, entonces necesitarás actuar.

Por esta razón, cada capítulo terminará con consejos prácticos que puedes llevar a cabo mientras lees el libro. La mayoría de ellos solo requerirán un poco de papel, un utensilio de escritura y unos minutos de tu tiempo. También puedes escribir en una computadora, pero los estudios han demostrado que las personas son más propensas a retener la información que han escrito a mano.

Comenzaremos con algo especialmente simple. Toma tu papel y utensilio de escritura. Ahora, deja el libro y escribe todos los puntos más importantes que aprendiste de este capítulo. Solo los aspectos más destacados, esto no debería tomar más de uno o dos minutos.

¡Y va!

Está bien, felicitaciones. Has tomado más acción hacia la superación personal que el 90% de las personas que leen este tipo de libros. Para obtener crédito extra, puedes hojear el capítulo y compararlo con tus notas, buscando cualquier cosa importante que puedas haber pasado por alto.

El mundo está lleno de individuos que leen innumerables libros sobre superación personal y nunca parecen alcanzar lo que realmente querían. Propondría que esto sucede porque las personas dejan que la información les pase por encima en lugar de internalizarla. Y si se toman el tiempo para internalizarla, nunca actúan sobre la información.

Propongo que hay tres elementos fundamentales del crecimiento:

1. Información

2. Internalización

3. Implementación

Los libros pueden proporcionarte información, pero tienes que manejar los otros dos elementos. Lo que obtienes de este libro depende completamente de lo que estés dispuesto a hacer con las cosas que aprendes.

Capítulo 2: Historia del estoicismo

Un estoico es alguien que transforma el miedo en prudencia, el dolor en transformación, los errores en iniciación y el deseo en emprendimiento.

―Taleb Nassim Nicholas

Es importante dejar claro que este libro no es un libro de texto sobre la historia del estoicismo y los muchos grandes pensadores que contribuyeron a ello. Muchos de estos libros ya existen y, si deseas un examen en profundidad de los detalles de la historia de la filosofía occidental, entonces vale la pena leerlos.

Este libro trata sobre el estoicismo práctico. El objetivo es proporcionarte la información que necesitas para empezar a mejorar tu vida lo antes posible. Esto significa que no podemos pasar demasiado tiempo en detalles históricos, pero no significa que podamos ignorarlos.

En este capítulo, haremos un recorrido rápido por la historia del estoicismo. Examinaremos su creación en la antigua Grecia, su culminación en la Roma imperial y el renacimiento moderno que ha traído esta antigua filosofía de regreso al primer plano del discurso intelectual.

Un solo capítulo no puede proporcionarte todo lo que hay que aprender, pero puede ser un buen punto de partida desde el cual puedes profundizar en este tema rico y fascinante.

Orígenes Antiguos

El estoicismo fue fundado en la cuna de la filosofía occidental, la antigua Grecia. En el siglo IV a.C., había un comerciante adinerado llamado Zenón de Citio. Mientras comerciaba, sufrió un naufragio cerca de la ciudad-estado de Atenas. Este tipo de infortunio ha quebrantado a muchos hombres, pero Zenón encontró oportunidad en su sufrimiento. Viajó a Atenas y comenzó a estudiar a los pies de los filósofos locales. Buscaba algo que lo satisficiera de una manera que su riqueza material no lo había hecho. En última instancia, encontraría su propio sentido de significado y compartió lo que había aprendido con aquellos que quisieran escuchar.

El estoicismo fue fundado para encontrar un equilibrio entre los extremos de la filosofía ateniense. Los aristotélicos predicaban que la riqueza material era necesaria para la iluminación, mientras que los cínicos se jactaban de su pobreza autoimpuesta. Zenón logró ese equilibrio al cambiar el enfoque de las cosas materiales que las personas tienen hacia sus creencias, valores y acciones. Difundiría su filosofía mientras estaba de pie en un área elevada conocida como la Stoa Poikile. Esta área se conocería como la primera escuela de estoicismo y también daría a la filosofía su nombre.

También es importante entender el estoicismo como un producto de la historia. Esta filosofía altamente práctica surgió durante un período de gran agitación, dificultades e incertidumbre en Grecia. Aunque el estoicismo se fundó en el siglo IV a.C., ganó prominencia durante el siglo III, tras las consecuencias de la muerte de Alejandro Magno y el drama que esto creó en la región.

Muchos griegos habían depositado sus esperanzas en Alejandro, y su rápida y gloriosa ascensión al poder parecía que podría traer paz y prosperidad al Mediterráneo y las regiones circundantes durante los años venideros. Luego Alejandro murió repentinamente y a una edad joven, creando un vacío de poder que llevaría a la división y el conflicto.

Con el tiempo, el poder de Grecia en el Mediterráneo disminuyó, mientras que una pequeña ciudad-estado conocida como Roma vio aumentar su poder. Es importante señalar que los griegos y los romanos eran muy diferentes en muchos aspectos, pero los romanos aún encontraron mucha inspiración en sus predecesores griegos. Los romanos buscaron a los griegos como fuente de inspiración en los ámbitos del arte, la religión y la filosofía. Así es como el estoicismo hizo el salto de Grecia a Roma.

Como puedes ver, el estoicismo antiguo no apareció de la nada. Se desarrolló a lo largo de siglos por una cadena de grandes pensadores. Sin embargo, hay un hombre cuyo nombre se ha convertido en sinónimo de esta escuela filosófica. Todos los nombres mencionados hasta ahora valen la pena conocer, pero a continuación veremos un nombre que debes recordar absolutamente.

Mientras pensamos en los filósofos modernos como académicos que están lejos del asiento del poder, en la antigua Grecia se involucraron profundamente en la política y el gobierno. Esto ayudó a elevar su estatus y difundir su mensaje durante un tiempo, pero la política es un negocio caprichoso. Entre los años 88 y 86 a.C., estalló la guerra y Atenas fue derrotada. Muchos filósofos se marcharon y huyeron a Roma, señalando un cambio hacia el este para la filosofía occidental (Pigliucci, n.d.).

En Roma, la filosofía estoica se desarrollaría aún más. Muchos de los fundamentos permanecerían, pero se hizo un mayor énfasis en cómo el estoicismo podría aplicarse a la resolución de problemas de la vida real. Estoicos como Séneca y Marco Aurelio no eran solo pensadores o maestros, estaban activos en el comercio y la política romana. Necesitaban una filosofía que pudiera ayudarles con decisiones difíciles y momentos difíciles.

Marcus Aurelius

Todo el trabajo preliminar establecido por los estoicos originales conduce a lo que muchos considerarían una conclusión poco probable. El estoicismo fue una filosofía desarrollada para que las personas pudieran sobrellevar las tormentas de la desdicha, por lo que pocas personas adivinarían que el hombre que lo entendería más agudamente y lo pondría en práctica con la mayor precisión sería un hombre que debería haber estado más allá del sufrimiento.

En el mundo antiguo del Imperio Romano y sus territorios vecinos, probablemente no había nadie más envidiado que el Emperador. Desde la caída de la República Romana, el Emperador se había convertido en un hombre con poder y prestigio que muchos gobernantes modernos envidiarían. Entonces, ¿cómo es que un hombre que disfrutaba de un poder, riqueza y respeto inigualables llegó a producir lo que muchos consideran el libro de texto para sobrellevar el dolor y la adversidad?

La historia de Marco Aurelio, así como la escritura que produjo, es un recordatorio de que la forma en que vemos el mundo a menudo está distorsionada. Miramos las grandes estatuas de mármol dejadas por los romanos e imaginamos que las personas eran tan grandiosas y sobrehumanas. Pero la verdad es que cada persona sufre muchas de las mismas luchas. La riqueza, el poder y la fama ciertamente pueden equiparte para enfrentar ciertos desafíos mejor de lo que podrías hacerlo sin estos privilegios, pero no pueden borrar completamente la lucha de tu vida.

Biografía de Marcus Aurelius

El niño que se convertiría en emperador, Marco Aurelio, no tuvo un nacimiento particularmente auspicioso. Nació en una familia rica y poderosa, pero había muchas familias así en Roma y los padres de Marco nunca habrían predicho que podría convertirse en emperador. Solo obtuvo ese título debido a una serie de eventos improbables.

Marco nació bajo el gobierno del emperador Adriano. Dado que Adriano no tenía herederos biológicos, tuvo que elegir quién sería el emperador después de él. El primer hombre que eligió fue Lucio Ceonio, pero el destino quiso que Lucio falleciera antes que el emperador moribundo. Así que, Adriano tuvo que elegir de nuevo, y esta vez eligió a otro hombre sin hijos, un senador llamado Antonio Pío.

Pío buscó evitar los problemas por los que pasó Adriano, así que buscó adoptar hombres que pudieran ser entrenados para sucederlo. Uno de los chicos que eligió fue Marco y el otro se llamaba Lucio (Enciclopedia de Biografía Mundial).

Era como si los cielos se hubieran abierto y enviado sus bendiciones sobre el joven Marcus. De repente, su educación fue llevada a un nivel completamente nuevo. No solo estaba en entrenamiento para ser un noble, estaba entrenando para ser el hombre más poderoso de Roma. Para cumplir este papel, estudió bajo algunos de los oradores y filósofos más destacados de Roma, todos buscando impartir su sabiduría a Marcus antes del día en que asumiera el trono. Era una situación de alto riesgo, nadie podía saber cuándo podría fallecer el emperador.

Marcus y su hermano adoptivo tomaron el trono como co-Emperadores cuando Pío murió en 161 a.C. Su gobierno tuvo un comienzo complicado, ya que Roma se sumió rápidamente en la guerra con los partos. Roma saldría victoriosa, pero a un costo desastrozo. A medida que las legiones victoriosas regresaban a Roma, llevaban la plaga. Alrededor de cinco millones de romanos serían asesinados por la enfermedad mientras Roma se convertía en un invernadero de enfermedades mortales.

Poco después de que la plaga cesara, murió el hermano de Marcus, poniendo a Marcus en el trono como el único emperador de Roma. Gobernaría desde 169 hasta 180. Estos 11 años estuvieron marcados por la guerra, la inestabilidad social y otros problemas. Pero Marcus reinó con mano firme y fue declarado más tarde como el último miembro de los Cinco Buenos Emperadores (Farnum Street).

Así que, como ves, a pesar de todo el poder que tenía el emperador romano, había igual cantidad de responsabilidad. El destino de uno de los mayores poderes del mundo recaía sobre los hombros de Marcus. Muchos de los hombres que asumieron esta posición se quebraron bajo la presión. Muchos tragaron su propia propaganda y se creyeron por encima de los simples mortales. Pero Marcus fue capaz de mantenerse firme y guiar a Roma a través de la oscuridad con la ayuda de sus virtudes estoicas.

Sabemos esto porque registró sus pensamientos. Nos brinda una rara oportunidad de asomarnos a la mente de uno de los grandes gobernantes de la historia.

Meditaciones

Mientras que Marco Aurelio logró muchas cosas durante su tiempo como emperador, al final, su escritura es su logro más duradero. Cuando Marco estaba en el campo de batalla liderando a sus soldados en defensa de Roma, comenzó a escribir notas. Lo asombroso del libro es que no lo escribió para ser publicado. Para él, era un diario, pero después de su muerte fue reconocido como una de las mayores obras de la filosofía estoica que se haya creado.

El libro es una serie de citas que fueron anotadas por Marco como un recordatorio para sí mismo. El propio emperador nunca le dio un título al libro, así que necesitas entender que las Meditaciones es un título descriptivo que le ha sido dado a la obra por quienes descubrieron sus escritos más tarde.

Meditaciones se divide en doce secciones diferentes, pero estas partes no están ordenadas cronológicamente ni temáticamente. Esto hace que leer Meditaciones sea una experiencia única. Es más como un libro de citas o el libro bíblico de los Salmos que como una narrativa tradicional o un libro de texto. Esto podría verse como una de las razones de la popularidad de Meditaciones, es un libro que siempre tiene alguna sabiduría que ofrecer sin importar qué página abras.

Aunque el libro no está estructurado como la mayoría de los libros, surgen algunos patrones interesantes. Por un lado, al inicio del libro, él comienza agradeciendo a las personas que lo han ayudado a lo largo de su vida y lo han moldeado como pensador. Este es un recordatorio notable del hecho de que incluso las personas más poderosas de la tierra no podrían disfrutar de sus posiciones sin la sabiduría y la orientación de otros. Lo que vemos en las Meditaciones es el monólogo interno de un verdadero aprendiz de toda la vida.

Otro tema que surge rápidamente son las limitaciones del poder y la riqueza. Está claro que, aunque Marco disfrutaba de más poder que casi nadie en el imperio, también sentía su responsabilidad como un gran peso. Leer las Meditaciones es un recordatorio humillante de las luchas con las que debe lidiar cualquier buen líder mientras trata de sacar lo mejor de cada situación.

Si terminas este libro y decides que estás interesado en aprender más sobre el estoicismo a partir de fuentes primarias, entonces definitivamente deberías considerar adquirir las Meditaciones de Marco Aurelio. Si consigues una traducción moderna, descubrirás que este libro es fácil de leer pero difícil de comprender completamente. Podrías pasar décadas estudiando este libro y aún así encontrar nuevas perspectivas con cada lectura.

Estoicismo Moderno

Las Meditaciones de Marco Aurelio a menudo se consideran la última gran obra del estoicismo antiguo. Después de su reinado, la rígida escuela de pensamiento desapareció. Sin embargo, esto no significa que el pensamiento estoico desapareciera. Al contrario, las creencias estoicas se difundieron y se transmitieron. Cuando el Imperio se convirtió al cristianismo, muchos pensadores cristianos se sintieron atraídos por obras como las Meditaciones y extrajeron de sus páginas. Generaciones y generaciones de grandes pensadores fueron influenciados por el estoicismo, incluso si no conocían el nombre de la filosofía que había producido algunas de sus ideas más queridas.

Una de las cosas que los estoicos modernos han hecho es profundizar en la filosofía antigua para intentar encontrar las ideas que son más aplicables a las audiencias modernas. Los estoicos antiguos eran algunas de las personas más educadas del mundo romano, pero aun así operaban con el conocimiento limitado de la época. Podían acceder a sus emociones al igual que nosotros, pero no podían conocer el vínculo entre las corrientes eléctricas en nuestros cerebros y la forma en que nos sentimos.

Los estoicos modernos han podido utilizar las herramientas de la ciencia y la tecnología para obtener una mayor comprensión de los avances fundamentales realizados por esos pensadores antiguos. El pasado y el presente chocan de maneras nuevas y fascinantes con cada nueva ola de pensamiento estoico.

Una de las razones por las que el estoicismo se siente tan vivo y poderoso hoy como lo fue hace siglos es el hecho de que nuestras circunstancias modernas reflejan la situación en la antigua Roma y Grecia en algunos aspectos. Así como el estoicismo se popularizó originalmente durante un tiempo de gran incertidumbre en Grecia, ha disfrutado de su resurgimiento moderno a medida que el mundo experimenta sus propias luchas. En muchos sentidos, estamos viviendo en una era que es más próspera que nunca, pero también estamos viviendo en un momento en el que las personas enfrentan muchas luchas prácticas y existenciales.

A pesar de la riqueza que muchas naciones muestran en papel, las personas aún luchan con cosas como la deuda personal, los costos de atención médica, las divisiones políticas, las preguntas relacionadas con el cambio climático y una búsqueda de significado personal. Muchas personas simplemente no sienten que la vida moderna sea todo lo que se les ha prometido e incluso aquellos que disfrutan de la riqueza sienten que es irrelevante o transitoria.

Los motores económicos del mundo occidental pueden habernos traído muchas cosas maravillosas, pero está claro que no nos han satisfecho de la manera que muchos pensaron que lo harían. Resulta que los humanos tienen necesidades profundas que no siempre pueden ser satisfechas con más dinero y los últimos gadgets. Cuanto más cambian las cosas, más nos encontramos lidiando con los mismos problemas que los antiguos griegos pudieron diagnosticar hace miles de años. Una vez que reconocemos sus habilidades perceptivas, solo tiene sentido que podamos considerar las soluciones que ofrecieron.

Aunque se han producido muchos cambios superficiales, la naturaleza humana sigue siendo casi la misma que hace dos mil años. Los antiguos estoicos pueden estar muertos, pero sus ideas están tan vivas y vitales como siempre. Demasiadas personas se ven atrapadas en la barrera del lenguaje que suele interponerse entre los lectores modernos y los textos antiguos. Por eso existen libros como este. Las verdades fundamentales en este libro no son nuevas, pero se están escribiendo para que un público moderno pueda entenderlas claramente y aplicarlas a la resolución de problemas contemporáneos. Este libro no trata de reinventar la rueda, se trata de empujar hacia adelante una rueda que ha estado girando durante miles de años.

La filosofía no se trata de adorar los pensamientos de los filósofos antiguos y tratar sus ideas como intocables. Se trata del legado vivo de estas ideas. Regresamos a la sabiduría de los antiguos porque son ellos quienes crearon la base sobre la cual se han construido filosofías posteriores. Sin embargo, aunque ninguna torre puede sostenerse sin una base firme, eso no significa que los muchos pisos que se han construido sobre ellas y que podrían añadirse en el futuro sean menos importantes o valiosos.

Conclusión Práctica

Al leer sobre el antiguo génesis de las ideas, es fácil sentirse distante de ellas. Como solo hemos aprendido sobre ellas a través de la historia, es natural pensarlas como una especie diferente, con piel hecha de puro mármol blanco. Pero los antiguos eran humanos, igual que nosotros, y las lecciones que enseñaron siguen siendo puestas en acción por personas hoy en día.

Saca tu papel y utensilio de escritura. Ahora, piensa en personas que exhiben virtudes estoicas. Pueden ser personas que conoces en la vida real o personas que conoces de los medios.

Las ideas estoicas han permeado la cultura occidental. Esto significa que incluso las personas que nunca han oído la palabra estoicismo han sido influenciadas de alguna manera por sus ideas.

También está el hecho de que el estoicismo se basa en las realidades de la vida y la naturaleza. Personas de todo el mundo han llegado a una comprensión estoica sin ninguna conexión con los antiguos griegos.

Puede ser difícil leer sobre virtudes en abstracto y luego traducirlo al mundo real. Por eso es útil buscar personas que personifican las virtudes. No deberías verlas como seres divinos, pero puedes utilizarlas para ayudarte a guiarte en la dirección correcta.

La historia del Estoicismo no ha terminado, es un proceso en curso.

Capítulo 3: Percepción

Tienes poder sobre tu mente—no sobre los eventos externos. Realiza esto, y encontrarás fuerza.

—Marcus Aurelius

Mientras que el estoicismo es famoso por el enfoque que toma con respecto a las emociones, o la falta de ellas, la verdad es que el verdadero poder del estoicismo radica en su enfoque lógico y pragmático para enfrentarse a la realidad.

Los estoicos creían en tratar con el mundo tal como realmente existe. Esto puede parecer una afirmación simplista, pero una vez que comprendas lo que esto significa, entenderás las profundas implicaciones.

Si quieres encontrar una solución, primero debes dimensionar el problema con ojos claros y objetivos. Hacer algo menos solo te preparará para el fracaso.

La distancia entre el mundo y nuestra percepción

Los estoicos creían que había tres disciplinas que eran necesarias para vivir un estilo de vida estoico. La primera era la percepción, la segunda la acción y la tercera la voluntad. Este orden no es un accidente, hay una razón por la cual la percepción se considera la disciplina primaria del estoicismo.

La percepción se trata de ver el mundo tal como realmente es. Se trata de mirar la realidad de la manera más objetiva posible, sacando los juicios de valor de la ecuación.

Si le preguntas a la mayoría de las personas sobre cuán exactamente perciben el mundo, te dirán que ven las cosas con perfecta claridad. Después de todo, si tienen dos ojos sanos, ¿cómo más verían las cosas? Pero la percepción no se trata solo de tu visión física, se trata de la forma en que tu mente procesa la información que absorbes cuando miras al mundo.

La mente procesa la información visual en dos pasos. El primero es cuando la luz que rebota en el objeto entra en el ojo y percibes la realidad frente a ti visualmente. El segundo paso es cuando tu cerebro toma la imagen y le aplica una etiqueta. Este segundo paso es donde surge el problema.

El problema no es mirar a un pato y llamarlo un pato. La dificultad es que miramos las tareas que tenemos delante y rápidamente saltamos a conclusiones sobre si son posibles o no. Miramos a las personas el tiempo suficiente para captar su apariencia y luego decidimos si podemos confiar en ellas o no. Nos miramos a nosotros mismos y juzgamos de lo que somos capaces sin ninguna razón sólida que respalde nuestras conclusiones.

Los humanos están impulsados a hacer juicios y nuestros juicios a menudo están muy lejos de la precisión. Esto es lo que los estoicos entendían, y es por eso que le dieron tanta importancia a corregir nuestra percepción para que veamos el mundo tal como es antes de intentar actuar en él.

Primer día en el trabajo

Para ayudar a entender la naturaleza destructiva de la percepción inexacta, te guiaré a través de un escenario. Imagina que llegas a tu primer día en un nuevo trabajo y te encuentras con tus compañeros de trabajo. En este escenario, eres una persona bastante crítica que tiende a saltar rápidamente a conclusiones sobre todos los que conoces.

Entras a la oficina y la primera persona que encuentras es tu nuevo jefe. Te da la mano, pero su agarre es un poco flojo. Inmediatamente lo etiquetas como débil antes de pasar a la siguiente persona. El primer compañero de trabajo que encuentras tiene una sonrisa en su rostro pero una mancha en su camisa. La palabra "desaliñado" viene a la mente antes de dejar a esa persona para conocer a otra. La última persona que conoces te saluda amablemente pero tiene una voz monótona, así que no puedes evitar pensar en ellos como aburridos.

Ahora, piénsalo: ¿cómo podrían impactar esas etiquetas generadas instantáneamente tus futuras relaciones laborales con esas personas? Las conclusiones a las que llegaste en este escenario basadas en casi ninguna información podrían influir en tus interacciones con tus compañeros de trabajo durante años.

Con suerte, ahora estás comenzando a ver cuán fácilmente nuestra percepción puede verse nublada por un exceso de ansia por juzgar el mundo que nos rodea. La mente no entrenada salta a conclusiones casi al instante, pero los juicios que emite pueden perdurar durante días, semanas o incluso años.

Lento para juzgar y lento para confiar

Mientras que algunas personas ya pueden estar de acuerdo con un enfoque más objetivo de la realidad, sé que habrá otros que son reacios. Puede que hayas leído el segmento "Primer Día en el Trabajo" y sentiste que el personaje en el escenario tenía razón al hacer esos juicios. A menudo, las personas defenderán este tipo de juicios por razones prácticas. Hay muchas personas por ahí, algunas de ellas tienen malas intenciones, y si esperas a que tales individuos revelen sus malas intenciones antes de tomar precauciones, entonces estarás a su merced.

Este es un punto justo, pero se pierde el objetivo de retrasar el juicio. Muchas personas asumen que si no etiquetas a alguien como deshonesto, entonces estás declarando que es honesto. Pero simplemente no es así. Puedes retener tanto juicios positivos como negativos al mismo tiempo. Si no conoces bien a alguien, puedes retener tanto la confianza como la desconfianza hasta que hayas tenido la oportunidad de tener una mejor idea de quién es como persona.

Recuerda que el estoicismo se trata de relacionarse con el mundo de una manera racional y lógica. Si sabes que estás entrando en un área donde el crimen es común, no tienes que pretender que esta información no está disponible para ti. Si la razón dice que se deben tomar precauciones de seguridad, entonces, por supuesto, toma precauciones de seguridad.

Aún así, considera de dónde estás obteniendo tu información. ¿Estás juzgando el nivel de riesgo basándote en información objetiva o en juicios apresurados basados en prejuicios personales? Las personas tienden a sobreestimar su propia objetividad.

El hecho es que se necesita tiempo y energía para cultivar la capacidad de ver el mundo tal como es. Para la mayoría de las personas, no es como un interruptor que se pueda encender o apagar; incluso si puedes contener el juicio por un tiempo, podrías encontrar que vuelves a caer en viejos hábitos antes de mucho. Pero no hay razón para desesperar. El estoicismo no se trata de soluciones rápidas y fáciles; se trata de tomarse el tiempo para lograr un cambio verdadero y duradero.

Un cambio en la percepción

Nada hay ni bueno ni malo, sino que el pensamiento lo hace así.

—William Shakespeare

Una vez que te tomes el tiempo para prestar atención a la forma en que percibes el mundo y lo moldeas con tus pensamientos, te darás cuenta de cuánta poder tienes. Lo único desafortunado es que puede que solo te des cuenta de esto una vez que reconozcas que te has estado limitando a ti mismo de tu máximo potencial con pensamientos negativos injustificados.

La buena noticia es que nunca es demasiado tarde para hacer un cambio. Mientras sigas respirando, puedes tomar el control de tus pensamientos y usarlos para remodelar tu mundo.

Dando la vuelta al mundo

Hay un truco en el mundo del arte para cualquiera que quiera dibujar una imagen compleja pero se siente abrumado al mirarla. El truco es tomar la imagen y darle la vuelta. De repente, la persona ya no siente que está dibujando toda una cabeza, en su lugar, la ve como dibujar un campo de formas individuales. Cuando eliminas palabras como "difícil" o "imposible" de la ecuación y te concentras en los pasos individuales, podrías asombrarte de lo que puedes lograr.

Lo mismo se puede decir al examinar tu vida. La persona promedio mira los eventos que tiene por delante y se enfoca en cualquier cosa que parezca un desafío o un obstáculo. Una vez que los etiquetamos como problemas, tienden a crecer en nuestras mentes, convirtiéndose en amenazas desproporcionadas que se ciernen sobre nosotros y causan un estrés injustificado.

¿Pero qué pasaría si pudieras voltear la imagen? ¿Qué pasaría si pudieras mirar lo que normalmente llamarías obstáculos y en su lugar llamarlos oportunidades?

Transformar una jaula en una herramienta

El triste hecho es que la mayoría de las personas están atrapadas por su propia percepción. Años de sesgo y programación mental han dificultado que vean el mundo tal como es. Peor aún, cuando miran al mundo, ven tantos obstáculos insuperables que se sienten sin esperanza y restringidos.

Son como una persona que se pone un visor de realidad virtual y termina atrapada en un campo abierto. A pesar de que no hay muros físicos que los rodeen, aún se sienten restringidos por los muros que ven en su cabeza.

Aprender a ver el mundo objetivamente es como quitarse el visor. Te muestra todo el rango de movimiento disponible para ti. Pero no tienes que quedarte ahí. Tomar el control de tu percepción es como reprogramar ese visor de realidad virtual para ayudarte a encontrar hacia dónde vas. Este es el pleno poder de dominar tu percepción, puedes remodelar la forma en que ves el mundo de una manera que te impulse hacia adelante en lugar de retenerte.

Eliminando la Preocupación

Dominar la percepción es una herramienta especialmente útil para aquellos que luchan con la preocupación. Después de todo, ¿qué causa la preocupación? La mayoría de las personas experimentan este sentimiento después de identificar problemas potenciales en su vida y permiten que estos problemas potenciales atormenten su mente. Mientras el problema permanezca sin resolverse, seguirá siendo una preocupación, flotando a través de su consciencia y causando estragos.

El problema con las preocupaciones es que no hay un límite en cuántas puedes tener. Podrías pensar que podrías curarlas resolviendo tus problemas, pero una vez que la mente humana ha sido entrenada para buscar problemas potenciales, siempre encontrará más. Por esta razón, es útil poder reentrenar tu cerebro. Una vez que lo hagas, casi no hay límite en lo que podrías lograr.

Separar Aceptación de Acuerdo

Antes de avanzar desde la percepción, necesitamos discutir un asunto relacionado, la aceptación. El estoicismo se basa en aceptar el mundo tal como es. Esto está ligado a la percepción. La idea es que, para percibir el mundo tal como realmente es, debes estar preparado para aceptarlo tal como es en verdad. Aquellos que sienten que el mundo debe ser de cierta manera encontrarán formas de distorsionar su percepción para intentar conciliar sus creencias con el mundo externo. Esto es algo que el estoicismo no puede aceptar.

El estoicismo dice que cualquier filosofía que no repose sobre una base de la realidad actual es como una casa construida sobre arena. No importa cuán robusta pueda parecer, la falta de una base sólida la condenará al final.

Esta es la razón por la que los verdaderos estoicos deben aceptar el mundo tal como es. Hacer cualquier otra cosa pondría en peligro tu percepción y amenazaría todo lo demás que viene en el camino. Sin embargo, vale la pena señalar que la aceptación no significa acuerdo.

El caso por la acción estoica

Es fácil caer en la trampa de pensar que el estoicismo es una filosofía derrotista. La idea de un estoico que acepta el destino puede evocar una imagen de rendirse a los poderes que existen, permitiendo que otras personas tomen el control y huyendo a las montañas para meditar mientras el mundo arde. Pero esto no podría estar más lejos de la verdad.

Una de las razones por las que es importante estudiar a Marco Aurelio es porque no solo fue un gran pensador, sino un hombre de acción. Encarnó la práctica estoica de la aceptación mientras actuaba como el emperador de la superpotencia preeminente del mundo antiguo. No se quedó de brazos cruzados y aceptó cuando los galos atacaron Roma, sino que llevó a sus fuerzas a la batalla.

Esto nos deja con una pregunta, ¿era Marcus un hipócrita al dar forma al futuro para él y su pueblo? ¿Son los estoicos hipócritas cuando se quejan de algunos elementos de la naturaleza humana mientras promueven otros? La respuesta es un rotundo "¡no!"

Entendiendo la razón detrás del mantra

Los estoicos señalan continuamente las cosas que los individuos no pueden cambiar para enfatizar las cosas que pueden. El "destino" que debe ser aceptado no es todo en realidad, es todo aquello que está más allá de nuestra propia esfera de influencia.

El núcleo de esta esfera es nuestro propio comportamiento, lo único en la vida sobre lo que tenemos un control casi total. Más allá de eso, tenemos a las personas y cosas a nuestro alrededor con las que podemos interactuar. Esta es un área donde tenemos algo de influencia, pero no tenemos control en última instancia de la misma manera que tenemos control sobre nuestros propios pensamientos y acciones. Más allá de esta segunda capa está el resto del universo, que está completamente en manos del destino.

Tómate un momento para pensar en esto. Hay más de 6 mil millones de personas en este planeta. ¿Cuántas conoces o con cuántas interactúas regularmente? Incluso si interactúas regularmente con miles de personas, eso sigue siendo menos del uno por ciento de uno por ciento de la población mundial. En el gran esquema de las cosas, la mayor parte de la actividad humana está más allá de nuestra capacidad para controlar o incluso influir de alguna manera real. Pero, ¿eso significa que no vale la pena intentarlo?

El estoicismo no se trata solo de autoayuda. Es una filosofía orientada en torno a la virtud, y la virtud siempre se ha entendido como un proyecto comunitario. La persona que vive sola en una isla desierta rara vez tiene la oportunidad de mostrar el tipo de virtudes que alguien en una comunidad puede practicar todos los días.

Así que, mientras que el estoicismo pide que aceptes el mundo tal como existe en este momento, no significa que el mundo tenga que permanecer siempre como está. Por el contrario, los estoicos entienden que la única constante real es el cambio. El mundo está en flujo y tú, como individuo, estás obligado a actuar de manera virtuosa, por el bien de ti mismo, tu comunidad y tu mundo.

Los estoicos han generado un cambio real a lo largo de la historia y no hay razón para que esta tendencia se detenga contigo. La belleza del estoicismo es que una vez que dejas de lado el control de tu propia mente, puedes alcanzar niveles de eficacia que quizás nunca hayas soñado antes. El movimiento inconsciente es reemplazado por una acción cuidadosamente considerada. El emocionalismo se cambia por un compromiso lógico con tu causa.

Y finalmente, los obstáculos que una vez te detuvieron pueden ser transformados. Eventos que parecían problemas se convierten en oportunidades, ayudándote a trazar un rumbo hacia el futuro que nunca habrías pensado posible sin el pensamiento estoico.

Un pensamiento cuidadoso puede permitirte dejar de preocuparte por circunstancias que están más allá de tu control y enfocarte en aquellas que están dentro de tu capacidad de manejar. Puedes dejar de malgastar tiempo, energía y recursos en preocupaciones innecesarias y comenzar a convertirte en un ser humano más efectivo y realizado. Este tipo de transformación no es rápida ni fácil, pero puede mejorar tu vida de manera inmensa si estás dispuesto a comprometerte con ello.

Así que, como ves, losestoicos pueden tener que aceptar la realidad actual, pero eso no significa que tengan que estar de acuerdo con ella. Son libres de trabajar para provocar un cambio, y las habilidades desarrolladas al practicar el estoicismo realmente facilitan lograr resultados reales en este mundo.

Conclusión Práctica

Usar tus poderes de percepción para convertir obstáculos en oportunidades es una de las armas más poderosas en el arsenal de un estoico. Si deseas dominar esta habilidad, entonces deberías comenzar a practicar lo antes posible.

Saca tu papel y utensilio de escritura. Ahora, tómate el tiempo y escribe un obstáculo o problema que has estado preocupándote últimamente.

Una vez que hayas terminado de escribir el problema, tómate otro momento para reevaluar la situación que estás enfrentando de manera más objetiva. Descríbela en términos fríos y técnicos, evitando emociones o cualquier otro lenguaje poderoso.

Ahora lleva las cosas un paso más allá y considera cómo la

situación objetiva con la que estás tratando podría ofrecer alguna oportunidad oculta.

Si has pasado por estos pasos, entonces habrás tomado una fuente de preocupación en tu vida y la habrás convertido en una oportunidad para desarrollarte como ser humano. Este es un proceso que puedes utilizar una y otra vez a lo largo de tu día. No se puede predecir cuántas oportunidades podrías descubrir si aprendes a dominar tu percepción.

Capítulo 4: Pasiones

El que reina dentro de sí mismo, y gobierna pasiones, deseos y miedos, es más que un rey.

—John Milton

Algunas personas que se topan con el estoicismo oyen que se trata de aceptar el mundo externo y tomar control de su propia mente y asumen que es una tarea simple. Luego miran hacia adentro y descubren que el mundo dentro de ellos está en un estado tan caótico como el mundo externo.

Los seres humanos son criaturas complejas. Solo pensamos que somos simples cuando no nos tomamos el tiempo para examinar verdaderamente nuestras propias vidas mentales. En cada momento somos un enredo de pensamientos conscientes y subconscientes, todos cargados de emociones poderosas. Para empeorar las cosas, todos estos pensamientos y emociones pueden ser altamente contradictorios, chocando y transformándose de un momento a otro mientras avanzamos por la vida.

Aceptar el hecho de que no estamos en control del mundo es difícil, pero no es ni la mitad de complicado que realmente adquirir alguna semblanza de control sobre nuestra propia vida interior. Pero los estoicos no se alejaron de este desafío, trazaron un camino que cada uno de nosotros puede seguir para dominar nuestras propias pasiones y recuperar el control de nuestras vidas.

Examinando las Pasiones

Como puedes ver hasta ahora, el estoicismo está muy interesado en la vida interna. La forma en que pensamos y sentimos es una de las primeras cosas que necesitamos abordar porque todo fluye de ellas. Si nunca aprendes a controlar tus emociones, entonces serás controlado por ellas.

Una cosa interesante sobre el enfoque de los estoicos es que idearon un plan para la iluminación que no requería deshacerse completamente de las emociones. Categorizaron lo que nosotros llamaríamos emociones en dos categorías, pathe, o pasiones no saludables, y eupatheiai, o pensamientos saludables. Estas categorías fueron establecidas por Zenón y continuadas por futuros estoicos.

Empezaremos con las pasiones poco saludables:

● Dolor

○ Esta pasión se define como el sentimiento que experimentas al vivir algo erróneamente etiquetado como malo. Es la emoción que sentimos cuando nos quedamos atrapados en heridas, insultos o cualquier otra desgracia percibida que experimentamos. Esta pasión nos hace sufrir innecesariamente debido a nuestras percepciones en lugar de a la realidad.

● Miedo

○ Este es el impulso irracional de evitar problemas que podríamos esperar. Presta atención a la palabra "irracional." Este es el impulso que nos muestra peligros acechando en cada sombra, incluso cuando sabemos que casi con certeza no hay nada que temer. Esta pasión desperdicia nuestro tiempo y energía en amenazas imaginarias cuando deberíamos centrarnos en problemas reales.

● Anhelo

○ Este es el impulso irracional de buscar algo que se entiende erróneamente como bueno. Una vez más, las palabras clave aquí son "irracional" y "erróneamente." El problema no es el deseo, el asunto es que la cosa deseada no es realmente el bien que el buscador cree que es. Los estoicos están preocupados de que la vida se desperdicia anhelando cosas de ningún valor real cuando debería ser gastada en la búsqueda de cosas que son correctas y virtuosas.

● Placer

○ Este es el sentimiento irracional de euforia que se experimenta cuando una persona elige algo que no es virtuoso ni valioso. Esta es la naturaleza seductora del pecado y la mala conducta manifestada emocionalmente. El placer es un sentimiento que lleva a las personas a desviarse del camino de la virtud, haciéndolas sentirse bien en el momento pero conduciendo a la culpa y al sufrimiento a largo plazo.

Si todo esto suena como una forma de culpar, no te preocupes. El estoicismo no es una filosofía legalista que se trata de castigar a las personas que violan sus estrictas reglas. Estas descripciones pueden sonar duras, pero debes recordar que los estoicos creen que estas pasiones son poco saludables y destructivas.

El punto no es que algún sabio estoico te castigue si sientes estas pasiones, es que estas pasiones te llevarán por un camino destructivo. En el estoicismo, terminas castigándote a ti mismo cuando no actúas de acuerdo con la virtud. Pero, por otro lado, puedes salvarte de tus impulsos más oscuros al aprender a practicar un pensamiento saludable.

Teniendo eso en cuenta, veamos los pensamientos saludables:

●   Precaución

○   El impulso lógico de evitar acciones que violen la virtud. Este pensamiento saludable se puede entender como el impulso de evitar hacer daño a los demás, alejarse de influencias negativas y evitar cualquier curso de acción que viole tus valores personales.

●   Deseando

○   Este es el deseo adecuado de acción o resultados virtuosos. El deseo de hacer lo correcto por los demás, de proteger a los inocentes y de vivir de acuerdo con tus valores personales puede clasificarse como desear. El estoicismo diría que cuando sientes que tu conciencia te guía hacia un determinado curso de acción virtuosa, estás experimentando el pensamiento saludable de desear.

●   Alegría

◌ Esto se define como una felicidad racional causada por acciones o eventos virtuosos. La vida de un estoico no es gris y triste, la idea es que el estoico se regocija en todo lo que es verdaderamente bueno. Cuando un estoico elige tomar un curso de acción que está en línea con sus valores, entonces puede sentir alegría en su logro y en los buenos resultados que pueda haber traído.

Este sistema de categorización puede ser un poco confuso al principio. Las etiquetas en inglés que se utilizan a menudo pueden parecer muy borrosas, ya que no son tan distintas como las palabras del griego antiguo que usaban los estoicos originales. Pero lo que no debería ser demasiado difícil de entender es la idea de que todo gira en torno a la virtud.

Las pasiones poco saludables están casi todas orientadas a llevarte a violar la virtud o tus valores personales, mientras que los pensamientos saludables se centran en empujarte en la dirección de una vida virtuosa. Entender esto es la lección más importante, si puedes hacerlo, entonces las distinciones más sutiles se volverán claras con un estudio adicional.

Pasiones Opuestas

Una de las cosas brillantes sobre esta categorización es la forma en que las pasiones no saludables se emparejan con pensamientos saludables. El miedo se empareja con la precaución, el anhelo se empareja con el deseo, y el placer se empareja con la alegría. En lugar de ver cada una de las seis emociones como completamente distintas y separadas del resto, puedes verlas como tres continuos con un lado saludable y un lado no saludable. Esto significa que no se trata de deshacerse de ciertas emociones, sino de moverse a lo largo de un espectro hacia una forma de pensar más saludable.

Por ejemplo, el placer es el opuesto de la alegría. Esto significa que si quieres vivir una vida más saludable, necesitas tomar la parte de ti mismo que constantemente busca el placer y redirigirla para buscar la alegría.

Para aclarar aún más, imagina que estás a dieta. Perder peso y ser más saludable son valores para ti, así que quieres tomar acciones que estén en línea con estos valores. Te despiertas por la mañana, te diriges a la oficina y encuentras dos refrigerios para el desayuno sobre la mesa, una dona y una manzana. ¿Cuál eliges?

Tu impulso de placer es el lado que te empuja hacia la dona. Los estoicos ven el placer como un sentimiento agradable que, en última instancia, va en contra de tus valores. En este caso, la dona te impedirá alcanzar tus metas. Así que, aunque se sienta "bien" en el momento, es, en última instancia, un sentimiento autodestructivo. Por otro lado, comer la manzana te daría alegría porque está en consonancia con tu objetivo. Es un sentimiento completamente bueno, algo que te dirige hacia la virtud en lugar de lejos de ella.

El estoicismo dice que no tienes que sumergirte en la negación. Puedes pasar todo el día lamentándote por el hecho de que no obtuviste la dona que querías, o puedes alegrarte por el hecho de que tomaste una decisión saludable y ahora vives de acuerdo con tus valores. La idea es que no debes permitir que pasiones poco saludables controlen o monopolizan tu mente. Al enfatizar y reflexionar sobre pensamientos saludables, puedes obtener más control sobre tu vida y vivir con mayor tranquilidad y satisfacción.

El Problema Único del Dolor

Es posible que hayas notado que cuando estábamos discutiendo sobre las parejas emocionales creadas por los estoicos, no mencionamos el dolor. Eso se debe a que los estoicos creían que el dolor era una pasión única que no tenía un paralelo saludable. Así que, mientras los estoicos buscaban transformar la mayoría de las pasiones, trataban de librarse de la pasión del dolor.

Nota que estoy especificando que estamos hablando de una pasión aquí. Cuando los estoicos hablan de eliminar el dolor o el sufrimiento, no se están refiriendo a quitarlos como sensaciones físicas. Si golpeas a cualquier estoico, sentirá dolor, el estoicismo puede abrir muchas puertas, pero no te convertirá en un superhumano. La diferencia radica en cómo reacciona mentalmente el estoico al ser golpeado.

Los estoicos definieron la pasión del dolor como un "fracaso al evitar algo erróneamente juzgado malo" (Enciclopedia en Internet de Filosofía). Observe las palabras "juzgado malo."

Para un estoico, evitar el dolor se trata de cambiar tu percepción. Las cosas que no quieres que sucedan te van a suceder. No hay nada que puedas hacer para protegerte completamente. Lo que puedes hacer es cambiar la forma en que piensas sobre las cosas que suceden. Puedes saltar a etiquetarlas como malas y caer en un ciclo de sufrimiento o puedes entrenarte para aceptar las cosas que suceden y trascender el sufrimiento.

Una Lesión, Dos Dolores

El estoicismo dice que cuando somos heridos, en realidad sentimos dos tipos de dolor. El primer tipo de dolor es la sensación física de dolor que es el sistema de alarma natural de nuestro cuerpo para alertarnos de que algo no está bien. Este tipo de dolor es parte de la naturaleza y una parte importante de la vida. Hay personas que no sienten dolor y estos individuos tienen más probabilidades de sufrir lesiones permanentes porque no tienen dolor que actúe como una señal de advertencia para que se detengan. Los estoicos están en contra de la segunda instancia de dolor, que es el dolor que sentimos al reflexionar sobre la lesión inicial y regodearnos en nuestra reacción emocional.

Esto es cierto tanto para las lesiones físicas como para las lesiones emocionales. Piensa en las veces que te han insultado. El primer sufrimiento que sentiste fue el aguijonazo casi automático de ser atacado y luego sentiste el sufrimiento prolongado de lidiar con las consecuencias del insulto. Tómate un momento para pensar en los insultos que todavía puedes recordar, y podrías sorprenderte al darte cuenta de cuán atrás puede recordar tu mente incluso agravios menores.

Los seres humanos tienen una forma de aferrarse al dolor. Podríamos argumentar que necesitamos hacerlo, porque si rápidamente soltáramos y olvidáramos eventos dolorosos, entonces podríamos no aprender de ellos. Pero el estoicismo sostiene que se puede aprender de los insultos y las lesiones sin perderse en ellos. De hecho, sostiene que el verdadero aprendizaje requiere un nivel de desapego que no sentimos cuando nos aferramos a nuestro sufrimiento.

¿Cuántos argumentos se convierten en enemistades porque ninguna de las partes está dispuesta a dejar de lado su dolor? ¿Cuántas ofensas menores conducen a cismas destructivos porque a la gente le gusta aferrarse a los problemas hasta que crecen desproporcionadamente?

El estoicismo ve el dolor emocional como un corte físico. Si quieres que un corte sane, entonces necesitas dejarlo en paz. Si sigues hurgando en tu herida, no se formará una costra y no sanará. Esto se aplica tanto a las heridas físicas como a las emocionales. Permanecer pensando en insultos y heridas puede parecer lo correcto, pero en realidad es un curso de acción altamente destructivo.

No Flip Side

Si puedes recordar la primera sección de este capítulo, donde primero introdujimos las diversas pasiones, entonces recordarás que la mayoría de las pasiones no saludables estaban vinculadas con pensamientos saludables. La única pasión que no tenía tal vínculo era el dolor.

Esto es porque los estoicos creían que el dolor era una pasión única. La idea es que la pasión del dolor es completamente irracional y, por lo tanto, no hay una manera racional de procesar esta emoción. Este es un caso en el que el objetivo es la eliminación total.

Se podría decir que lo opuesto al dolor es la aceptación. El dolor o el sufrimiento es lo que sientes cuando luchas contra el mundo tal como es. Cuando la lluvia cae sobre ti y te dices a ti mismo "esta es una situación horrible", entonces te estás causando dolor. La solución es dejar de aplicar la etiqueta. Simplemente dile a ti mismo "la lluvia está cayendo sobre mí." No necesitas intentar engañarte a ti mismo para creer que algo bueno te está sucediendo, la idea es que simplemente dejes de pensar que estás sufriendo y entonces el sufrimiento cesará.

Transcender el Sufrimiento

Uno de los objetivos finales del estoicismo es superar el sufrimiento. Podrías incluso decir que el estoicismo fue creado en respuesta al problema humano único del sufrimiento.

Digo "únicamente humano" porque hasta donde podemos decir en este momento, los humanos son las únicas criaturas en la Tierra que pueden sufrir en el sentido en que el estoicismo se ocupa. Una vez más, esto no significa que los muchos animales en esta tierra no sientan dolor físico o agonía cuando son dañados. De lo que hablo es del sufrimiento que nos infligimos a nosotros mismos cuando nos detenemos en las circunstancias que creemos que son negativas.

No podemos detener a otros de hacernos daño, pero podemos trabajar para asegurar que no nos inflijamos daño innecesario a nosotros mismos. Muchas personas son sus propios peores enemigos, tomando problemas momentáneos y estirándolos a lo largo de toda su vida. El dolor que podría desaparecer en cuestión de momentos se convierte en un compañero permanente.

Es hora de rechazar el dolor. Siente lo que tienes que sentir y luego sigue adelante con tu vida. Puede sonar imposible, pero podrás descubrir las cosas que tu mente puede hacer si estás dispuesto a tomarte el tiempo para desarrollar tus habilidades y tomar el control de tus pensamientos. El dolor físico siempre puede ser un hecho de la vida, pero con práctica puedes reducir drásticamente el dolor mental por el que te haces pasar.

Logrando un Equilibrio

Lograr un equilibrio emocional puede parecer un proceso difícil. Después de todo, ¿por dónde empieza uno? Afortunadamente, el Estoicismo tiene una solución. La respuesta es la virtud.

Una de las grandes luchas que vienen con abordar problemas relacionados con nuestras vidas interiores es el riesgo de perdernos dentro de nosotros mismos. La mente humana puede ser un laberinto de contradicciones y el corazón puede ser incluso más desconcertante. La introspección es difícil para muchas personas, mientras que otras la encuentran tan adictiva que se pierden dentro de sí mismas. Creerlo o no, cuando buscamos dentro de nosotros mismos, puede ser muy fácil perderse. Por eso es útil tener algo más allá de nosotros mismos que podamos usar como guía.

Aquí es donde entra la virtud. La virtud es aquello que orienta toda búsqueda estoica. Los estoicos no creían que la auto-mejora era una búsqueda materialista que se trataba de ganar más dinero, obtener más prestigio o simplemente sentirse mejor consigo mismo. Los estoicos creían que la vida tenía un propósito y ese era vivir una vida virtuosa.

Esto es especialmente importante cuando se trata de nuestras emociones o pasiones. Si tus emociones están orientadas hacia la virtud y tus valores personales, entonces tendrás una vida emocional saludable. Pero si tus emociones te llevan constantemente lejos de la virtud y hacia el vicio, entonces tus emociones te llevarán continuamente al dolor y la frustración.

Desarrollando una Vida Emocional Saludable

El estoicismo se trata de tener el control de tu mente, y eso significa tener un dominio sobre tus emociones. Si tus emociones te están guiando, entonces no estás en verdadero control de tu vida, que es lo único que los estoicos creen que puedes controlar realmente. Por eso las emociones son tan importantes para los estoicos.

Puede que creas que tus emociones no están bajo tu control, pero este es un error colosal. Puede que nunca hayas solicitado las emociones que sientes, pero eso no significa que no seas poderoso frente a la influencia de tus emociones.

Puede que sea cierto que no controlas las emociones que sientes, pero puedes elegir cómo reaccionas ante las diferentes emociones a medida que surgen. A través del trabajo duro y la dedicación, puedes potenciar tus emociones positivas y constructivas mientras minimizas tus emociones negativas y destructivas.

Hay una posibilidad de que puedas controlar tus emociones por pura fuerza de voluntad, pero no tengas miedo de buscar ayuda si sientes que la necesitas. Obtener ayuda de amigos, grupos de apoyo o profesionales capacitados puede ser muy beneficioso para este proceso. Recuerda, ser estoico no significa que no puedas pedir ayuda. A veces, lo más valiente que puedes hacer es acudir a otra persona.

Conclusión Práctica

El estoicismo se trata de dominar tus pasiones al identificar áreas problemáticas y trabajar para revertirlas. Con eso en mente, es hora de excavar profundamente para encontrar una pasión con la que estés luchando.

Saca tu utensilio de escritura y papel. Ahora, escribe una pasión con la que luchas, aparte del dolor.

Recuerda, estás buscando una emoción que es destructiva. Es algo que te está alejando de la vida virtuosa que deseas vivir.

Ahora que has anotado una pasión poco saludable, regresa al inicio de este capítulo y encuentra un pensamiento saludable que corresponda a la pasión que elegiste. Anótalo frente a la pasión poco saludable.

Ahora, considera cómo puedes ayudarte a alejarte de tu pasión poco saludable y hacia un patrón de pensamiento más saludable. La idea es que no necesitas renunciar a tus emociones, simplemente necesitas redirigirlas en una dirección más saludable y productiva.

Este proceso no transformará instantáneamente tus pensamientos, pero te ayudará a ser más consciente de tus problemas y te señalará una posible solución. Recuerda que no puedes abordar un problema hasta que lo identifiques. Ignorar tus problemas permite que se infecten y crezcan fuera de control. Abordarlos de frente es la única manera de recuperar el control de tu mente y el control de tu vida.

Capítulo 5: Tomar Acción

No expliques tu filosofía. Incúmbala.

—Epicteto

El mundo está lleno de personas que no toman acción y luego se sientan a preguntarse por qué nada está yendo de acuerdo a sus deseos. Lamentan lo que ha sucedido en el pasado, se preocupan por lo que sucederá en el futuro y permanecen pasivos en el presente.

Los estoicos rechazan este enfoque. Aunque practican la aceptación, no significa que sean pasivos. Aceptan el mundo que los rodea que no pueden controlar. Esto permite un mayor enfoque en lo que se puede controlar, tus propias acciones.

No más filósofos de sillón

¿Cómo se ve un filósofo para ti?

Para muchas personas, la palabra filósofo evoca la imagen de un viejo blanco vestido con una chaqueta de tweed, sentado en un sillón mullido pensando intensamente en algo muy serio.

Lo que necesitas entender es que la filosofía no es solo para las personas que pueden ganar dinero escribiendo o hablando sobre su estudio, la filosofía es para todos. Casi toda persona pensante en esta tierra tiene una filosofía, el problema es que la mayoría de las personas encuentran sus filosofías sin reflexionar.

Muchas personas actúan sin realmente entender las ideas y creencias que impulsan sus acciones. Y muchos filósofos piensan muy profundamente sobre ideas y creencias, pero rara vez actúan según sus conclusiones. El estoico considera que ambos caminos son trágicos. El estoicismo fue desarrollado para ser vivido, no solo estudiado.

Esta es probablemente una de las razones por las que la historia del estoicismo está llena de tantos filósofos que lograron cosas asombrosas fuera del ámbito del pensamiento puro. Es una filosofía de personas que tomaron acción, para personas que quieren tomar acción.

A menudo se ha dicho que uno de los grandes problemas de este mundo es que las personas que actúan no piensan en lo que están haciendo, mientras que las personas que piensan en lo que están haciendo nunca terminan actuando. Esta afirmación puede ser un poco exagerada, pero aborda una verdad valiosa. El mundo necesita más personas que sean capaces de unir el pensamiento y la acción para crear el tipo de cambio significativo que anhelamos como sociedad.

Lo que significa la acción

En este libro hablaremos mucho sobre la acción, pero esta es una palabra que es fácil de malinterpretar. Cuando la mayoría de las personas modernas piensan en una persona de acción, imaginan a alguien que está en constante movimiento. Alguien que tiene un horario lleno de actividades muy impresionantes. Pero este no es el tipo de acción del que estamos hablando.

Decidir detenerse por un momento y tomar una respiración profunda antes de continuar es una acción. Mantener una posición defensiva en lugar de ir al ataque es una acción. Mantener los ojos cerrados y el cuerpo inmóvil puede ser una acción. Lo que importa es la intencionalidad. Necesitas pensar en lo que estás haciendo y luego tomar un curso de acción que esté en línea con tu pensamiento.

La acción es algo que eliges hacer de manera activa y consciente. La reacción es algo que haces de manera pasiva o subconsciente.

Acostarse en la cama porque quieres descansar toda la noche es tomar acción. Acostarse en la cama porque tienes tantas cosas que hacer que te sientes abrumado es una reacción. Decidir no hacer nada cuando alguien te insulta porque no quieres escalar la situación es tomar acción. Atacar a esa persona y empeorar la situación es una reacción.

Muchas personas en este mundo parecen tener muchas cosas en marcha, pero en realidad están viviendo de manera reactiva. Se mueven inconscientemente de una acción a otra hasta que se acuestan a dormir y olvidan todo lo que hicieron ese día. Mientras tanto, algunas personas que parecen perezosas según los estándares convencionales pueden estar viviendo una vida de acción constante y deliberada que está alineada con sus metas y valores.

Si tu objetivo es despejar tu mente, entonces tu mejor curso de acción podría ser salir a la naturaleza y experimentar paz y tranquilidad. Si quieres entenderte a ti mismo, entonces podrías meditar en una habitación oscura y silenciosa. Si quieres acercarte más a tu familia, entonces podrías pasar un día simplemente pasando el rato y jugando con ellos.

En una sociedad consumista moderna, es fácil caer en la trampa de pensar que las únicas acciones que tienen valor son aquellas que producen resultados tangibles. Siempre queremos tener algo que "mostrar por nuestros esfuerzos". Incluso los pasatiempos que se supone que son relajantes, como los videojuegos, se convierten rápidamente en competencias para acumular puntos, ganar logros y compararnos con los demás.

Así que, mientras un estoico debe actuar, actúa basado en los valores estoicos. No se mueven para impresionar a otros, se mueven como una expresión de sus valores fundamentales. No preguntan "¿cómo se verá esto ante otras personas?" Preguntan "¿cómo me ayudará esto a desarrollar mi virtud?"

A medida que observas tu vida y la vida de los que te rodean, asegúrate de no confundir movimiento con acción. Algunas de las almas más activas son las más humildes, mientras que algunas de las vidas más vacías están completamente ocupadas con actividades sin sentido. No permitas que distracciones frívolas te impidan llevar a cabo las acciones significativas que necesitas emprender.

El Verdadero Valor de la Acción

Finalmente, vale la pena explicar por qué la acción es tan importante para los estoicos. No es solo porque el estoicismo fue desarrollado por individuos prácticos, aunque esto ciertamente es parte de ello. La razón más profunda es que los estoicos creen que todo el significado de la vida es el desarrollo de nuestras virtudes personales y la creación de un mundo más virtuoso. Este es un objetivo que no se puede lograr sin acción.

Si deseas convertirte en una persona más tranquila, más controlada y más virtuosa, entonces necesitarás tomar acción. No lograrás estos tipos de metas elevadas simplemente leyendo sobre otras personas, necesitas trazar un curso de acción y seguirlo tú mismo.

Este es el camino que los estoicos han seguido durante miles de años y es el camino que tienes ante ti. La pregunta es si estás dispuesto o no a hacer lo que sea necesario para convertirte en la persona que deseas ser.

Superando la Parálisis por Análisis

Uno de los mayores problemas que impiden a las personas reflexivas tomar acción es un fenómeno conocido como parálisis por análisis. Esta etiqueta se inventó para describir el escenario, demasiado común, en el que alguien se siente abrumado considerando todas las opciones posibles disponibles o todos los ángulos concebibles, hasta el punto de volverse incapaz de comprometerse con un curso de acción particular.

Este fenómeno es especialmente común entre las personas que están interesadas en temas como la filosofía. Los individuos introspectivos y analíticos son muy buenos para ver los diferentes aspectos de los problemas, lo cual es algo fantástico hasta que se convierte en algo negativo. Siempre deberías esforzarte por reflexionar sobre tus acciones, pero en un momento determinado necesitas actuar.

Vivimos en un mundo que está rebosante de opciones. Puede parecer que cada momento de cada día está lleno de innumerables elecciones. ¿Cómo se supone que debemos actuar cuando sentimos que es imposible elegir cuál de los miles de caminos disponibles es el mejor?

Afortunadamente, el Estoicismo tiene algunos consejos útiles para abrirse paso a través del caos y trazar un camino hacia adelante. No te proporcionará las respuestas a cada pregunta que enfrentas, pero te dará algunas herramientas que te ayudarán a tomar decisiones que impulsarán tu vida de manera positiva y productiva.

Moviéndose Virtuosamente

Una vez más debemos volver a ese concepto clave estoico: la virtud. Esta es una cosa especialmente importante a considerar cuando hablamos de la acción, ya que nuestras acciones generalmente tienen consecuencias que van más allá de nosotros mismos.

El estoicismo dice que cuando trazamos un curso de acción, la consideración más importante es si esa acción es o no virtuosa. La otra pregunta es si la acción te ayudará o no a desarrollar tu virtud.

Si deseas vivir una vida acorde a los principios estoicos, entonces una de las cosas más importantes que debes hacer es llegar a una comprensión de lo que la virtud significa para ti. Puedes leer libros sobre lo que es la virtud y escuchar debates entre defensores de diferentes sistemas éticos, pero al final solo tú puedes decidir en qué crees realmente.

Puede tomar mucho tiempo y un gran esfuerzo desarrollar un sistema de creencias firmes sobre cómo es una vida virtuosa. Pero una vez que tengas una idea clara en tu cabeza, siempre podrás comparar las acciones potenciales con tu vida ideal y preguntar si están o no en alineación. Esta única prueba puede ayudarte a despejar muchos de los desordenes de la vida y pasar de una vida de indecisión y arrepentimiento a una vida de acción y realización.

Por supuesto, no cada curso de acción está lleno de peso ético. Cuando estás en la tienda y tratando de elegir una fruta para comprar, no tienes que sentir que tu virtud está en juego. Pero eso no significa que el estoicismo no tenga nada que ofrecer en estas situaciones. Cuando te enfrentas a una situación donde la virtud no está en juego y no puedes decir qué opción es preferible, entonces simplemente elige una opción y sigue con tu vida.

Tratando con Consecuencias Inesperadas

Sé que todavía hay algunos de ustedes que están preocupados por tomar acción. Pueden temer que, incluso si actúan con las mejores intenciones, sus acciones puedan tener consecuencias no deseadas que lastimen a otras personas. Ellos podrían enojarse contigo o podrías tener que vivir con la culpa por el resto de tu vida.

El estoicismo tiene una respuesta para esto. El sistema ético sobre el que se basa el estoicismo es la ética de la virtud. La idea de la ética de la virtud es que las acciones son correctas o incorrectas según la intención de la persona que actúa, en lugar del resultado de sus acciones. Compara esto con el consecuencialismo, que dice que las acciones son correctas o incorrectas según el resultado de las acciones en lugar de la intención de las personas que actúan.

El debate entre estas dos escuelas de pensamiento ha estado en curso durante miles de años. Buenas personas se adhieren a ambos sistemas de creencias, pero los estoicos tienen una buena razón para posicionarse donde lo hacen. Uno de los principios más fundamentales del estoicismo es que solo controlamos nuestros propios pensamientos y acciones, no podemos controlar el resultado de nuestras acciones. Si crees esto, entonces no tiene sentido angustiarse preocupándose por consecuencias inesperadas, ya que son, por definición, imposibles de predecir.

Tenga en cuenta que esto no significa que deba actuar sin pensar las cosas. Los estoicos aún llevan a cabo su debida diligencia para asegurarse de que sus acciones no tengan consecuencias que no sean evidentes, pero que podrían ser predecibles basándose en un examen de toda la evidencia. La idea es simplemente que en algún momento las cosas están más allá de nuestra capacidad de prever.

No puedes culpar a otros por las consecuencias impredecibles de sus acciones y no deberías sentir culpa por el mismo tipo de resultados.

Todo esto es más fácil decirlo que hacerlo. Aun sabiendo estas cosas, puede ser doloroso ver cómo los planes se desmoronan y las personas sufren debido a tus decisiones bien intencionadas. Pero un estoico busca trascender este sufrimiento, entendiendo que no tiene valor. Nada mejora cuando te castigas por cosas que no puedes controlar, tu dolor nunca sanará a otros. Por eso, el estoico no se detiene en las circunstancias desafortunadas, solo busca aprender lo que puede y seguir adelante.

¿Qué es lo peor que puede suceder?

Otra forma de animarte a actuar es detenerse a considerar qué es lo que realmente te está impidiendo avanzar. Una de las formas más comunes en que las personas se interponen en su propio camino es insistiendo en los peores escenarios que pueden resultar de sus elecciones. Aunque podría sugerir que simplemente deberías ignorar estos escenarios porque casi siempre son muy poco probables, en este caso voy a sugerir que los enfrentes de frente.

Entonces, tómate un segundo y considera cuál podría ser, de manera realista, el peor posible resultado de la elección que estás considerando. Ahora que tienes este escenario en mente, pregúntate si serías capaz de vivir con las consecuencias.

El hecho es que los humanos son más duraderos de lo que a menudo nos damos crédito. Podemos sobrevivir a grandes heridas, tanto literales como metafóricas. Cada día, las personas sufren tragedias y cada día, las personas continúan viviendo con las secuelas.

Ahora, tómate un segundo para considerar las probabilidades

reales de que termines enfrentándote a un verdadero escenario de peor caso. A menos que seas un temerario o estés considerando algo que sea inusualmente peligroso, probablemente saldrás de las secuelas de un intento fallido sin muchos problemas.

Por supuesto, hay algunas situaciones en las que las consecuencias pueden ser mortales. Y en estos casos, vale la pena recordar que todos vamos a morir en algún momento. Esto no significa que debas desperdiciar tu vida, pero sí significa que no debes engañarte pensando que al evitar riesgos potencialmente mortales puedes vivir para siempre. Puedes vivir dentro de una burbuja toda tu vida, haciendo nada más que ejercitarte y comer alimentos saludables, y al final, aún así morirás.

Por favor, entiende que no estoy sugiriendo que tomes riesgos por el simple hecho de tomarlos. Ese no es el camino estoico. La idea no es buscar problemas y desdichas, es reconocer que realmente no necesitamos tener miedo de las cosas que nos quitan el sueño. Nadie quiere lidiar con el fracaso, pero el fracaso no es el fin del mundo. La verdad es que el éxito puede conducir al fracaso y el fracaso puede conducir al éxito. Por eso un estoico toma la vida tal como viene, sacando lo mejor de cada situación.

Moviéndose Rápida y Audazmente

Recuerda el concepto más básico del estoicismo: la vida es lo que tú haces de ella. Lo que otras personas pueden ver como contratiempos o decepciones; un estoico puede ver como oportunidades. Cuando vives con una mentalidad estoica, no tienes que vivir con miedo. Puedes tomar decisiones con total confianza, ya que sabes que, pase lo que pase, podrás manejar el resultado. Siempre que estés tomando tus decisiones con un enfoque hacia la virtud, entonces puedes vivir sin arrepentimientos.

Cada resultado es una oportunidad

La otra cosa a considerar al mirar la acción a través de un lente estoico es que, sin importar si una acción conduce a un "fracaso" o a un "éxito", el resultado se ve más apropiadamente como una oportunidad. Un verdadero estoico rechaza etiquetas como "fracaso" y "éxito" por esta razón. Dirían que la vida es una serie de situaciones donde tenemos la oportunidad de desarrollar nuestras virtudes.

El éxito te brinda la oportunidad de desarrollar tu humildad y generosidad, manteniendo los pies en la tierra y compartiendo la riqueza con los que te rodean. Mientras tanto, el fracaso te permite desarrollar las virtudes de la perseverancia y la creatividad. Es fácil seguir adelante cuando todo va según lo planeado, se requiere un verdadero carácter para seguir avanzando y idear nuevos planes a pesar de tus fracasos anteriores.

La historia estadounidense no sería la misma si el General Ulysses S. Grant siempre hubiera conseguido su deseo. A diferencia de muchos de los grandes líderes de la historia, Grant era un hombre humilde. Cuando asistió a West Point, su sueño no era convertirse en general, solo esperaba poder convertirse en un profesor de matemáticas y ganarse la vida para él y su amada Julia.

Aún así, sintió una obligación hacia el ejército que había pagado por su educación y siguió sus órdenes mientras lo llevaba a México, a través de Panamá y hasta la lejana frontera de California. Cuando Grant vio San Francisco sintió un nuevo llamado en la vida y soñó con mudarse a la ciudad algún día. Pero la vida lejos de su familia lo afectó profundamente y comenzó a beber. Terminó siendo dado de baja del Ejército bajo una sombra de vergüenza que lo seguiría toda su vida (Largay, 2014).

Durante diez años lucharía por ganarse la vida en el Este, dejado a revolcarse en la vergüenza por el fracaso de su carrera militar. Pero lo que no sabía era que la inminente Guerra Civil Americana le permitiría ascender rápidamente en las filas del Ejército de la Unión y convertirse en el general estadounidense más poderoso desde George Washington.

Grant no solo vería su propia fortuna cambiar; cambiaría la fortuna de una nación. Era la última esperanza de Abraham Lincoln, reemplazando a una larga serie de generales que habían fracasado en derrotar a Robert E. Lee. Para cuando Grant asumió el poder, la Unión disfrutaba de muchas ventajas sobre los confederados en papel, pero la población estaba enferma y cansada de la guerra. Lincoln estaba en campaña para la reelección y parecía que perdería ante un candidato que pediría la paz con el Sur, permitiendo que los estados rebeldes finalmente se separaran de la Unión y aseguraran el futuro de la esclavitud en América.

Si Grant hubiera obtenido su deseo y se hubiera convertido en profesor universitario, nunca habría tenido la experiencia militar que lo prepararía para la Guerra Civil. Si hubiera podido tener éxito en la costa oeste y establecerse en San Francisco, entonces casi con certeza habría quedado allí para defender el territorio de un ataque extranjero durante la Guerra Civil.

Si Grant no hubiera fracasado miserablemente una y otra vez en su vida, nunca habría podido convertirse en la leyenda que es hoy. Yendo más allá, es muy posible que los fracasos personales de Grant finalmente salvaran a la Unión y liberaran a innumerables hombres y mujeres de la esclavitud.

El éxito crece del campo del fracaso

El caso de Ulysses S. Grant es bastante extremo, pero el patrón básico es algo que se puede ver en todos los ámbitos de la vida. Si lees la biografía de casi cualquier individuo exitoso, verás que no habrían logrado lo que lograron si no hubieran fracasado en algún momento de su vida. Los fracasos que parecían insuperables en ese momento, en última instancia, allanarían el camino hacia éxitos previamente inimaginables.

Nadie nace con su vida perfecta trazada ante ellos. Creas o no, tener éxito en la primera cosa que intentas no es necesariamente el camino hacia la felicidad. A veces, el fracaso es necesario para señalarte una dirección donde serás más feliz y más realizado.

Cuando dejas de centrarte en ver la vida a través de la lente binaria del éxito y el fracaso, podrás ver que todo es una oportunidad. Esto puede ayudarte a liberarte de tu parálisis. En lugar de esperar y esperar una oportunidad perfecta que podría nunca llegar, puedes permitirte avanzar con confianza, sabiendo que cuanto antes tomes acción, antes encontrarás nuevas oportunidades.

La fortuna favorece a los audaces. La oportunidad perfecta no va a caer en tu regazo, solo se revelará si te expones y sigues buscando oportunidades donde otros no están buscando.

Conclusiones Prácticas

Para este capítulo se te pedirá que hagas algo un poco diferente.

Pon tu papel y utensilios de escritura a un lado. Ahora piensa en lo que necesitas hacer en este momento. Es probable que estés posponiendo algo que podrías hacer ahora mismo. Podría ser algo grande para tu trabajo o algo pequeño como sacar la basura o enviar un mensaje rápido a alguien con quien has querido hablar. O podría ser algo interno, como tomarte un tiempo para meditar en silencio.

¿Tienes algo en mente? Hazlo ahora mismo.

De acuerdo, ¿lo hiciste? Espero que sí, pero sé que hay algunas buenas excusas por las que podrías haber seguido leyendo. Podrías estar en un autobús lleno de gente, o sentado en una playa, o en alguna otra situación donde no puedes hacer lo que necesitas hacer o donde no tienes obligaciones reales. Aún podrías haber tomado un minuto para meditación silenciosa, pero simplemente seguiremos adelante.

Si te encuentras en una de estas situaciones y solo estás leyendo el libro sin hacer esto o cualquiera de las otras tareas, no te castigues por ello. Pero debes entender que los beneficios que veas se verán reducidos. Así que te recomendaría que intentes hacer estas tareas prácticas tan pronto como te sea posible.

Los humanos son criaturas naturalmente perezosas. Nos aferramos a cualquier excusa que nos permita eludir nuestras obligaciones. La única forma de superar esta tendencia natural hacia la inacción es desarrollando deliberadamente el hábito de actuar. Puede ser difícil al principio, pero es necesario si quieres alcanzar tu máximo potencial.

Capítulo 6: Lente Estoica

Debemos tener una perspectiva más elevada de todas las cosas y soportarlas con más facilidad: le conviene más a un hombre burlarse de la vida que lamentarse por ella.

—Séneca

Mientras que el estoicismo comienza con una mirada hacia adentro, eventualmente el estoico necesita mirar hacia el mundo que lo rodea. El control comienza con la comprensión de tus propias emociones, pero eventualmente necesitas considerar cómo encajas en el mundo que te rodea.

Cada filosofía intenta dar sentido al mundo caótico y confuso, y el estoicismo no es diferente. Ofrece a las personas una verdadera cosmovisión, una manera de mirar el mundo que te rodea y entender lo que está sucediendo. Cuando realmente comprendas los conceptos estoicos, podrás hacer sentido de muchas de las cosas que previamente te inquietaban. Esto no significa que las acciones de los demás de repente se vuelvan lógicas, pero podrás entender el tipo de errores que conducen a los desastres que ves cada vez que enciendes la televisión o abres un periódico.

Ni pesimismo ni optimismo

"¿Eres un pesimista o un optimista?"

Este es el tipo de pregunta que a la gente le encanta hacer. Apela a nuestro deseo natural de dividir el mundo en extremos de blanco y negro que podemos etiquetar rápida y fácilmente para nuestros propios fines.

El estoicismo cae fuera de esta forma binaria de ver el mundo. Mientras que algunas personas podrían pensar que el estoicismo suena pesimista, la verdad es que rechaza los extremos tanto del pesimismo como del optimismo.

Míralo de esta manera: un optimista mira un vaso de agua y dice que está medio lleno. Un pesimista mira un vaso de agua y dice que está medio vacío. Un estoico mira un vaso de agua y acepta la cantidad de agua que hay en el vaso.

Recuerda, el estoicismo se trata de aceptar el mundo tal como es, ya que está más allá de nuestro control. Tenemos cierto control sobre nuestro futuro cuando tomamos el mando de nuestras propias acciones, pero aún no podemos controlar cómo las personas y las cosas reaccionarán a nuestras acciones y el efecto mariposa que nuestras elecciones podrían crear.

La otra cosa a recordar es que el estoicismo se trata de trascender etiquetas como bueno y malo. Un optimista espera que sucedan cosas buenas, un pesimista espera que sucedan cosas malas, mientras que un estoico espera que las cosas sucedan.

Sin expectativas

Una cosa que un estoico debe evitar son las expectativas confiadas sobre lo que sucederá en el futuro. Esto se debe a que el estoico entiende que lo único que controla es a sí mismo. El mundo está lleno de fuerzas más allá de nuestro control. Podemos buscar entender e influir en estas fuerzas, pero incluso en nuestro mayor poder estamos severamente limitados.

Tantas personas creen que su vida debería ser como una sinfonía, donde todas las notas están perfectamente dispuestas ante ellos y todo lo que necesitan hacer es tocar junto con ellas y todo saldrá bien. El estoico entiende que esto es una locura.

El estoicismo nos dice que la vida es más como un concierto de jazz. Los patrones pueden surgir de vez en cuando, pero están en constante cambio, y depende de nosotros improvisar y tratar de crear algo hermoso a partir del caos que nos rodea. El momento en que piensas que conoces la melodía y puedes desconectar tu mente es el instante en que el tempo cambiará y te quedarás atrás.

Para algunas personas, esta es una revelación supremamente frustrante. Lucharán por aferrarse a su antigua forma de pensar incluso mientras el mundo constantemente viola sus creencias y confunde su pensamiento. Una cantidad desafortunada de personas experimenta vidas de frustración porque nunca pueden entender este hecho.

Quienes tienen éxito son aquellos que abrazan la realidad tal como es, caos y todo. Incluso si no es la forma en que preferirías que fueran las cosas, aún puedes encontrar belleza si sabes dónde mirar. Cuando la vida no está dispuesta perfectamente delante de ti, es posible experimentar la sensación de libertad en el momento, aprovechando cada oportunidad que encuentres para buscar la superación personal y la realización.

Visto a través de este prisma, el mundo del estoicismo no parece tan sombrío. Creo que descubrirás que muchas creencias estoicas que parecen sombrías o oscuras a primera vista, de hecho, demuestran ser edificantes y afirmativas de la vida si te tomas el tiempo para entenderlas adecuadamente.

Leyendo Más Allá de los Titulares

A medida que aprendas a ver el mundo a través de una lente estoica, llegarás a comprender cuántas pocas personas adoptan este enfoque. Muy pocos seres humanos buscan trascender sus emociones, permitiendo que la pasión nuble su visión y controle las acciones que llevan a cabo.

Ningún lugar es más claro que cuando te fijas en los medios modernos. Ya sea que estés mirando el periódico, la televisión, la pantalla de cine o internet, puede parecer que todo está diseñado para hacerte sentir enojado, deprimido o cohibido.

Los seres humanos son propensos a las pasiones negativas por nuestra propia naturaleza. Aquellos en los medios de comunicación entienden que la forma más fácil de hacernos interactuar con sus productos es avivando estas pasiones. Por eso, los estoicos deben estar en guardia al tratar con los medios. No todos los medios son malos, pero debes entender que la mayoría de los medios está más interesada en aumentar tu pasión que en fomentar el cultivo de la virtud personal.

Si deseas mejorar tu propio estado de ánimo y vivir en consonancia con las virtudes estoicas, entonces debes dedicar tiempo a reconsiderar tu dieta mediática.

Manipulación de los Medios de Comunicación

¿Alguna vez te has preguntado cuál es el propósito de los medios?

¿Es para entretener? ¿Es para informar? ¿Es para producir obras de gran valor? Ciertamente puede ser todo esto, pero en esta era de consumismo, debes recordar que lo más importante que cualquier pieza de medios tiene que hacer es ganar dinero.

Esto es algo que la mayoría de las personas sabe intelectualmente, pero aún así es fácil de olvidar cuando estás viendo una pieza de contenido producida profesionalmente que ha sido elaborada utilizando enormes sumas de dinero para eludir tus defensas, de modo que estés receptivo a lo que tenga para vender.

Uno de los sectores más problemáticos de los medios modernos es el de las noticias. Esto se debe a que todos podemos estar de acuerdo en que una industria de noticias saludable es importante para mantener al público informado y para controlar las ambiciones de aquellos que manipularían y abusarían de la población. Pero no se puede olvidar que muchos productos de noticias modernos son tanto entretenimiento como información, difuminando las líneas de modo que se vuelve difícil saber cuándo se está siendo informado y cuándo se está siendo manipulado.

"Si sangra, lidera." Este adagio es algo que cada estoico debería tener en cuenta. Si enciendes las noticias en cualquier día, es probable que te enfrentes a un diluvio de muerte, destrucción y horror que puede ser difícil de digerir.

Con todo el horror que se exhibe en nuestras pantallas a cada hora del día, puede ser fácil creer que estamos viviendo uno de los peores períodos de la historia humana. Pero si te tomas el tiempo de comparar estadísticas sobre el mundo moderno con las de hace apenas unas décadas, verás una imagen muy diferente.

Por muchas métricas, en realidad estamos viviendo en uno de los períodos más saludables, seguros y prósperos de la historia registrada. Por favor, entiendan que no estoy sugiriendo que aquellos que señalan el verdadero sufrimiento en este mundo están haciendo un mal servicio. Las noticias deberían resaltar la injusticia y llevarla a la atención de las personas que podrían ser capaces de hacer un cambio. Pero en un mundo que está poblado por más de seis mil millones de almas, nunca habrá un fin a las historias tristes.

Cuando veas las noticias o consumas los medios, por favor recuerda que no necesariamente están pintando una imagen precisa de la vida. Los actos de violencia siempre ocuparán la primera página, mientras que los actos de bondad generalmente se relegan a la parte de atrás. Las personas que crean los medios entienden que es más fácil ganar dinero con tus pasiones poco saludables que apelar a tus pensamientos más sanos.

Esta es la razón por la cual los estoicos siempre deben mirar más allá de los titulares. No saques conclusiones precipitadas ni generalices a partir de una cantidad limitada de información. Deberías ver el tiempo que pasas viendo o leyendo las noticias como una oportunidad para practicar tus virtudes estoicas, esforzándote por evitar aplicar etiquetas mientras buscas la verdad más profunda.

Este no es un modo fácil de consumir medios, pero es una forma más saludable y virtuosa de hacerlo. Recuerda, cada momento de tu vida es una oportunidad para desarrollar tu virtud, ya sea que estés con amigos o sentado en casa pasando el rato con tu teléfono. El verdadero estoico está constantemente alerta para encontrar oportunidades para desarrollarse y crecer.

Enfermedad de las Redes Sociales

Mientras que los medios tradicionales siempre han apelado a las pasiones humanas, la última innovación en medios ha llevado este enfoque a un nivel completamente nuevo. Las redes sociales son una versión más potente y adictiva de los antiguos medios de comunicación masiva. Es cierto que las redes sociales pueden hacer muchas cosas maravillosas, pero también pueden tener una amplia gama de efectos secundarios destructivos de los que demasiadas personas no son conscientes.

Las redes sociales como Facebook, Twitter e Instagram están diseñadas para explorar tu subconsciente y crear un sentido de dependencia. Te atraen al afirmar que fomentan la comunidad y luego te enganchan con la descarga de dopamina que obtienes cuando la gente "le gusta" al contenido que compartes.

Nada de esto significa que tengas que eliminar tus cuentas de redes sociales. Para bien o para mal, los sitios de redes sociales se han convertido en lugares importantes para reunir información, conectarse con compañeros y hacer negocios. Teniendo todo esto en cuenta, puede que tengas numerosas buenas razones por las cuales no puedes simplemente abandonar las redes sociales. Pero eso no significa que no puedas repensar la manera en que usas estos sitios.

Al reducir o repensar la forma en que utilizas las redes sociales, puedes mitigar su impacto negativo mientras te concentras más en los aspectos positivos. Este es un hilo fino de manejar, pero si deseas vivir una vida más feliz y saludable, vale la pena pensar crítica y cuidadosamente sobre el papel que las redes sociales juegan en tu rutina diaria.

Desconectándose de la Matrix

El negocio de manipular las pasiones poco saludables de los seres humanos es un negocio de miles de millones de dólares. La publicidad, el entretenimiento, las noticias, la política, todos estos campos son dirigidos por profesionales que están entrenados en el arte de manipular las pasiones humanas con el fin de alcanzar ciertos objetivos. Algunos objetivos son más virtuosos que otros, pero al final el hilo conductor que los conecta a todos sigue siendo su naturaleza manipuladora.

Incluso cuando entiendes que estás siendo manipulado, es probable que encuentres difícil escapar de las trampas que se han tendido para ti. Esta es la insidiosa genialidad de la manipulación mediática moderna, incluso las personas que comprenden que las redes sociales los están haciendo sentir deprimidos siguen regresando día tras día debido a su dependencia personal y la red global de presión entre pares que los rodea.

Por favor, entiende que no estoy diciendo que necesitas convertirte en un ludita que renuncia a todas las formas de tecnología y medios para vivir una vida de meditación silenciosa en un monasterio. Incluso si este fuera el curso de acción más saludable para todos, lo cual dudo, el hecho es que no es una sugerencia realista. Lo que es realista es un esfuerzo concertado para intentar contrarrestar los efectos de la manipulación de los medios para que puedas intentar obtener un mayor nivel de estabilidad emocional y control mental.

Intenta reducir tu consumo de medios. Sé más selectivo con las cosas que pones en tu mente. Practica un escepticismo saludable cuando te encuentres con noticias que están diseñadas para jugar con tus pasiones.

Memento Mori

Preparemos nuestras mentes como si hubiéramos llegado al final de la vida. No pospongamos nada. Equilibremos las cuentas de la vida cada día... Quien da los últimos toques a su vida cada día nunca se queda sin tiempo.

—Séneca

La frase "memento mori" es central en el pensamiento estoico. Es latina, y se traduce aproximadamente como "recuerda que debes morir."

Es una frase contundente que nos enfrenta a un hecho de la vida con el que la mayoría de nosotros preferiría no lidiar. Puede que estés pensando que es demasiado mórbido y que no pertenece a un libro sobre cómo liberarse del estrés. Después de todo, ¿qué podría inspirar más estrés que el espectro de la muerte?

Pero debes recordar que una de las prácticas fundamentales del Estoicismo es la aceptación del destino. Te guste o no, todos compartimos un destino común. Esta es una de las razones por las que un libro escrito por alguien tan singularmente poderoso como un emperador romano podría inspirar a personas de todos los ámbitos de la vida.

La muerte es una constante para todos nosotros, sin importar cuán ricos o poderosos podamos ser. Es un recordatorio de que, aunque algunas personas parecen haber trascendido más allá del reino de los simples mortales a través de su talento, prestigio o belleza, al final todos deben enfrentar la muerte.

No es algo que ninguno de nosotros quiera aceptar, pero practicar el estoicismo significa aceptar verdades difíciles. Pero esto no significa que el estoicismo sea una filosofía morbosa. Toda filosofía honesta debe lidiar con la muerte. La pregunta es cómo lidian con la muerte.

¿Vida después de la muerte?

En este punto, algunos de ustedes pueden estar preguntándose qué tiene que decir el Estoicismo sobre la vida después de la muerte. Después de todo, casi todos están de acuerdo en que la muerte es inevitable, pero casi nadie puede ponerse de acuerdo sobre lo que sucede después de la muerte.

Aquí es importante recordar que el estoicismo es una filosofía, no una religión. A lo largo de la historia, los estoicos han mantenido muchas creencias religiosas diferentes. Los primeros estoicos eran politeístas griegos y romanos que creían en panteones enteros de dioses. Luego, cuando el Imperio Romano se convirtió al cristianismo, muchos pensadores cristianos combinaron la teología cristiana con ideas estoicas para crear nuevas formas de pensar sobre la vida. Hoy en día, personas de todas las faiths y creencias pueden llamarse a sí mismas escépticas, encontrando cada una alguna manera de combinar las ideas del estoicismo sobre esta vida con sus convicciones religiosas respecto a la posibilidad de una vida después de la muerte.

Recuerda que el estoicismo es una filosofía práctica. Está diseñado para responder a la pregunta de cómo debemos actuar en esta vida. Nada sobre el estoicismo excluye la posibilidad de una vida después de la muerte, pero tampoco está casado con la idea de una.

Esta es un área en la que debes llegar a tus propias conclusiones. Solo entiende que sea cuales sean tus creencias, no estás solo en la comunidad estoica. Es un grupo diverso y acogedor que está abierto a personas de todas las creencias.

Viviendo en la Sombra de la Muerte

Cuando las personas se enfrentan por primera vez al estoicismo, la idea de "memento mori" puede parecer a menudo una creencia que parece bastante mórbida y de mal gusto. Esto es comprensible, es fácil mirar a alguien que regularmente piensa en la inevitabilidad de la muerte y asumir que son una especie de "adorador de la muerte" que ama la muerte más que la vida. Pero esto no podría estar más alejado de la realidad cuando se trata de la gran mayoría de los estoicos.

La verdad es que los estoicos no piensan en la muerte porque sea agradable, nos recordamos a nosotros mismos la muerte porque es desagradable. Es el chapoteo de agua fría que nos despierta de la dura realidad, que es que la vida es limitada.

La mayoría de los estoicos ama la vida. Sin ninguna certeza respecto a la vida después de la muerte, solo podemos estar seguros de que esta vida es nuestra oportunidad de vivir virtuosamente y buscar la mejora constante. El hecho de que la muerte sea inevitable es un recordatorio de que solo tenemos una cantidad finita de tiempo disponible para lograr todas las cosas que queremos alcanzar.

No recordamos la muerte porque valoremos la muerte, recordamos la muerte porque nos recuerda cuánto deberíamos valorar la vida. Ninguno de nosotros sabe cuánto tiempo estaremos en esta tierra. Podrías vivir hasta los 120 años o podrías morir mañana. Por eso es importante aprovechar al máximo cada momento, porque nunca sabes qué momento será el último.

Conclusión Práctica

La muerte es algo con lo que nadie quiere lidiar, pero todos lo enfrentaremos algún día. Los estoicos siempre han creído que aceptar las realidades de la vida es esencial para vivir la mejor vida posible. En este ejercicio, observaremos una forma saludable y productiva de abordar el tema de la muerte.

Saca tu papel y utensilio de escritura. Ahora tómate unos momentos para escribir el elogio que te gustaría que se leyera en tu funeral algún día.

¿Has terminado?

Este es un ejercicio clásico que está diseñado para ayudarte a concentrarte en cuáles son tus verdaderos valores en esta vida. En una sociedad consumista, puede ser demasiado fácil perderse en un bosque de preocupaciones materiales. Pero cuando todo está dicho y hecho, la mayoría de las personas valora las relaciones incluso por encima de sus posesiones físicas más preciadas.

Lee tu elogio y pregúntate cómo te sientes al respecto. ¿Sientes que has vivido una vida con la que puedes estar feliz cuando todo está dicho y hecho? ¿O sientes que la forma en que estás viviendo tu vida no se alinea con tus prioridades más profundas?

Pensar en tu propia muerte no es una actividad agradable, pero puede ayudar a centrar tu mente en lo que realmente es importante en tu vida.

Capítulo 7: Viviendo de Acuerdo con la Naturaleza

Para un ser racional, actuar de acuerdo con la naturaleza y actuar de acuerdo con la razón es lo mismo.

—Marco Aurelio

Un estoico a menudo se entiende como alguien que permanece en silencio y soporta el dolor y la lucha, pero esto es solo una parte de un panorama más amplio. El estoicismo nos enseña que debemos soportar las dificultades cuando sea necesario, pero el punto más importante es que deberíamos intentar fluir con la naturaleza en lugar de luchar contra ella.

Una vida de estoicismo no tiene que ser una vida de lucha. Los estoicos siempre han buscado vivir una vida de paz y armonía, donde las elecciones humanas están alineadas con la naturaleza.

El Mundo Natural, Por Dentro y Por Fuera

Se supone que el Sabio Estoico acepta la naturaleza plenamente, tanto por dentro como por fuera. Esto significa que acepta la naturaleza humana que lo rige como individuo y a la sociedad en general, mientras acepta las leyes de la naturaleza que rigen todo en este planeta y en todo el universo. La vida no es una lucha para el Sabio porque no solo acepta la naturaleza de mala gana, se mueve con sus mareas y es llevado a través de la vida.

Antes de adentrarnos demasiado en este tema, es importante tomarse un momento para comprender qué quieren decir los estoicos cuando hablan de la naturaleza. Cuando los individuos modernos hablan de la naturaleza, imaginan el mundo natural, con plantas, animales y cielo azul. Pero cuando los filósofos estoicos consideraban la naturaleza, pensaban en las características fundamentales de todo lo que existe.

Entonces, cuando hablamos de aceptar la naturaleza, eso incluye aceptar el mundo natural que nos rodea, pero también significa algo que es simultáneamente más grande y más íntimo.

El Mundo Natural

Una de las primeras y más importantes cosas que un estoico debe aceptar es el mundo natural que gobierna toda la vida. Solo podemos sobrevivir en este planeta porque las leyes de la naturaleza lo permiten. Los estoicos también entendieron que, aunque los humanos pueden ser diferentes de otras formas de vida en algunos aspectos cruciales, aún encajamos dentro del ecosistema más grande como una pieza que se coloca en un gran rompecabezas.

La razón exige que aceptemos respetuosamente las fuerzas de la naturaleza y nuestro propio lugar dentro del vasto y increíblemente complejo mundo natural en el que residimos. Esto puede parecer otra sugerencia obvia, pero descubrirás que a menudo las personas tienen dificultad para aceptar el mundo natural.

Considera cuántas veces has escuchado a personas quejándose de las leyes básicas de la naturaleza. Esto es algo que es especialmente común cuando se trata de personas que están tratando de perder peso. ¿Quién no se ha preguntado por qué la comida poco saludable parece tener tan buen sabor mientras que la comida saludable parece tan poco atractiva? Después de un duro día de entrenamiento, casi cualquiera se sentirá obligado a preguntar por qué aumentar de peso es tan fácil mientras que quemar calorías es tan difícil.

Todos sentimos la necesidad de quejarnos de las muchas formas en que el mundo puede ser frustrante. El estoicismo enseña que no deberíamos sentirnos mal por este impulso natural, pero también dice que no debemos ceder a él. Cuando sentimos la necesidad de quejarnos de las leyes de la naturaleza, debemos practicar la aceptación en su lugar.

También debes recordar que cada vez que nos sentimos frustrados, tenemos la oportunidad de desarrollar nuestra virtud personal. Cualquiera puede atravesar sin problemas una vida sin desafíos, se requiere una persona virtuosa para enfrentar los obstáculos de frente y superarlos sin quejarse.

Esto no significa que siempre podrás afrontar cada hecho frustrante de la vida con perfecta gracia, pero puedes esforzarte por ser como un Sabio en todo lo que haces. El objetivo es el crecimiento, siempre que te esfuerces constantemente por crecer y mejorar, estás actuando de acuerdo con la virtud estoica.

Naturaleza Humana

Otro aspecto de la naturaleza con el que todos los estoicos tienen que lidiar es la humanidad. Como humanos, compartimos una naturaleza común que nos conecta. Tenemos nuestras propias naturalezas individuales, y luego tenemos una naturaleza colectiva que rige cómo interactuamos entre nosotros en grupos.

Mucho antes de que los antropólogos comprendieran la importancia de la comunidad para todos los seres humanos, los estoicos entendieron que, como humanos, somos criaturas sociales.

Como dijo Marco Aurelio, los humanos "nacieron para la cooperación, como los pies, como las manos, como los párpados, como las filas de los dientes superiores e inferiores. Así que, trabajar en oposición unos a otros es contra la naturaleza: y la ira o el rechazo es oposición."

No todos somos igualmente sociales por naturaleza. Algunas personas necesitan más tiempo a solas, mientras que otras requieren casi una socialización constante. Pero los seres humanos en general necesitan conexiones sociales fuertes para vivir vidas saludables y productivas.

Entendimiento y Aceptación

Muchos estoicos modernos encuentran que la práctica de vivir de acuerdo con la naturaleza es una de las cosas más difíciles de hacer.

No hay forma de eludir la plena complejidad de este asunto, pero hay atajos que puedes tomar para sortear algunas de las preguntas más técnicas y llegar a los problemas que son más relevantes para nuestra vida diaria.

Como estoico, tu tarea principal es entender lo que puedes cambiar en esta vida para que puedas aceptar las cosas que actualmente no puedes. Un punto que la filosofía estoica enfatiza una y otra vez es que no deberíamos desperdiciar tiempo y energía luchando por cambiar cosas que no se pueden cambiar. Esto se considera la cima de la locura y la caída de muchas pobres almas.

Por eso el estoicismo enfatiza tanto la acción personal. Tantas cosas en este mundo están más allá de nuestro control, pero si miras dentro de ti mismo, descubrirás que puedes lograr muchas cosas. Puede que no seas capaz de reescribir las reglas de la sociedad moderna, pero si estás dispuesto a hacer lo que es necesario, puedes cambiar drásticamente la forma en que vives dentro de esta sociedad.

El Estado No Natural de la Vida Moderna

Mientras que los antiguos estoicos no se centraban en cosas como cielos azules y campos verdes cuando discutían el poder de la naturaleza, vivían en un mundo que era muy diferente al que actualmente habitamos. Incluso en las ciudades más grandes de Atenas y Roma, los estoicos nunca hubieran podido imaginar un mundo tan alejado de la naturaleza como las ciudades que los seres humanos modernos han creado.

El estoicismo no está en contra de que los humanos hagan cambios en su entorno. La invención y la innovación son partes esenciales de la naturaleza humana, muchos estoicos argumentarían que vivir una vida sin ropa, herramientas o viviendas construidas violaría la naturaleza humana. Pero también hay un punto en el que los humanos se alejan tanto de los entornos que nos formaron que somos como peces que han sido sacados del agua. Muchas personas que viven vidas solitarias en habitaciones oscuras están prácticamente ahogándose, negadas de muchas de las cosas que su naturaleza humana anhela a un nivel fundamental.

Nada de esto sugiere que el estoicismo exige que dejes la ciudad atrás y te dirijas al campo. La idea es más humilde que eso, lo que se necesita es una mayor exposición a entornos naturales y un regreso a los patrones de vida más naturales que existían antes de que los humanos comenzaran a intentar transformar el mundo.

Pasa menos tiempo mirando imágenes del mundo en una pantalla de computadora y más tiempo observando el mundo con tus propios ojos. Tómate descansos regulares de tus apartamentos compactos y oficinas para salir bajo el cielo abierto.

La Importancia del Sueño

Un cambio especialmente crucial a considerar es tu horario de sueño. Pocas personas modernas duermen tanto como necesitan. Y aun cuando las personas duermen lo suficiente, a menudo experimentan un sueño de baja calidad que les deja sintiéndose cansadas e irritables a medida que avanzan en su día.

La persona promedio necesita más sueño del que está obteniendo. Un estudio mostró que "el cuarenta y cinco por ciento de los estadounidenses dice que el sueño deficiente o insuficiente afectó sus actividades diarias" a lo largo de la semana promedio (National Sleep Foundation, 2014). También hay preguntas sobre los patrones de sueño. Durante la mayor parte de la existencia humana, las personas se acostaban alrededor del atardecer y se despertaban alrededor del amanecer. Esto tiene sentido cuando consideras el hecho de que la mayoría de las personas tenía opciones limitadas para iluminar la oscura noche, por lo que no había mucho que pudieran hacer una vez que el sol se ponía.

Pero gracias a la llegada de la electricidad, ahora podemos extender nuestras actividades diarias hasta bien entrada la noche. Esto a veces puede ser bueno para nuestras vidas sociales, pero puede causar problemas en nuestros horarios de sueño. Solo porque puedas desobedecer el reloj interno de tu cuerpo, no significa que debas hacerlo. Conectar con los ritmos naturales de tu cuerpo es una buena manera de ser más feliz, más saludable y más enérgico.

Comida para el pensamiento

Otra área que deberías considerar seriamente es tu dieta. El cuerpo humano necesita ciertos nutrientes para hacer todo lo que está diseñado para hacer. Intentar vivir sin comer una selección diversa de alimentos nutritivos es como conducir tu auto sin poner gasolina en el tanque. La lógica dicta que eventualmente te quedarás varado al costado de la carretera.

Debes aceptar que tu cuerpo necesita ciertas cosas si quieres vivir una vida saludable y productiva. Así como la aceptación de la realidad es un prerrequisito esencial que debe venir antes de la acción racional, una buena dieta debe venir antes de una vida saludable. No puedes tener una sin la otra.

Mientras que el estoicismo se centra en lo que los seres humanos pueden lograr cuando dominan el control de sus mentes, no es una especie de misticismo que crea que la mente está de alguna manera desconectada del cuerpo. Una mente saludable puede ayudar a mejorar la condición de tu cuerpo, pero lo mismo ocurre en sentido inverso. Si no cuidas de tu cuerpo, entonces la condición de tu mente se deteriorará.

Cortando el desorden y encontrando el control

Los avances modernos en los ámbitos de la ciencia, la tecnología y la medicina han mejorado nuestra calidad de vida de muchas maneras. Pero, además de los muchos aspectos positivos que disfrutamos, también vienen muchos inconvenientes.

Por todos los lujos materiales que disfrutamos, muchas personas modernas se sienten sofocadas. Pasan por la vida en un mundo que es restringido, abarrotado y alejado del aire limpio y fresco que nuestros antepasados alguna vez disfrutaron. Experimentamos el mundo a distancia, contemplando simulaciones y recreaciones en lugar de experimentar las cosas de primera mano.

La vida no tiene que ser así. No tienes que ser arrastrado por las multitudes y llevado hacia un futuro del que no quieres ser parte. El poder para hacer un cambio y trazar tu propio rumbo está dentro de ti. Todo lo que necesitas hacer es aprovecharlo.

Lo que la aceptación no significa

Mientras estamos en el tema de la aceptación, es importante entender sus limitaciones. La aceptación estoica simplemente significa aceptar el mundo tal como es en el momento presente. No significa que tengas que amar el mundo tal como es o someterte a todo lo que hay en él.

Puede haber contaminación en el río cerca de tu casa. El estoicismo dice que deberías aceptar que el agua está contaminada. ¿Significa eso que deberías bajar al río y tomar un trago? ¡No! El estoicismo se trata de acción racional; nunca te pedirá que hagas algo tan irracional y autodestructivo.

Para una comprensión más profunda de este concepto, veamos una gran cita de Marcus Aurelius:

Un pepino es amargo. Échalo a perder. Hay espinos en el camino. Desvíate de ellos. Esto es suficiente. No añadas: ¿Y por qué se pusieron tales cosas en el mundo? Porque serás ridiculizado por un hombre que conoce la naturaleza, así como serías ridiculizado por un carpintero y un zapatero si te quejaras porque encontraste virutas y recortes en su taller de las cosas que hacen.

Lo que Aurelius señala aquí es que demasiadas personas desperdician su energía quejándose de cosas que no pueden cambiar. Cuando puedes tomar acciones simples para evitar lidiar con problemas, entonces debes tomar esas acciones y seguir con tu vida. Cuando debes soportar frustraciones, entonces debes soportarlas en silencio y luego seguir con tu vida. Quejarse interminablemente sobre circunstancias que están más allá de tu control solo añade a tu sufrimiento, no hace que el mundo sea más placentero.

Esta cita también nos recuerda que el estoicismo no siempre se trata de soportar cualquier cosa desagradable que se ponga en tu camino. Si no quieres comer un pepino, entonces no necesitas comerlo. Si un cierto dolor es difícil de superar, puedes encontrar una ruta diferente. Ser estoico significa que soportarás cosas desagradables cuando sea necesario, no significa que tengas que buscar o someterte a cada cosa negativa bajo el sol.

El estoicismo se trata de encontrar la paz a través de la aceptación. Se trata de cesar la lucha interminable contra las personas y cosas que están más allá de nuestro control. El Sabio Estoico trasciende las luchas de la realidad cotidiana al aceptarla tal como es, con un corazón y una mente tan abiertos que pierde el poder de influir en los pensamientos del Sabio de cualquier manera.

Cambiando lo que puedes y aceptando lo que no puedes

Cuando los estoicos hablan de la naturaleza, están considerando los rasgos fundamentales que hacen que algo sea lo que es. Esto se refleja en la forma en que hablamos sobre el mundo natural que existe más allá de la civilización humana. Los pájaros, los árboles y la hierba existieron antes de que los humanos inventaran el fuego, y reclamarán la Tierra si la humanidad alguna vez se extingue.

Las creaciones de la humanidad pueden ser maravillosas, pero no deberíamos perdernos tanto en nosotros mismos como para pensar que solo porque podemos sobrevivir sin algo significa que podemos vivir vidas saludables sin ello. En todo el mundo, las personas están disfrutando de las últimas comodidades mientras se marchitan lentamente debido a la falta de recursos naturales básicos.

No tienes que convertirte en un revolucionario para mejorar tu calidad de vida. Es posible aceptar muchos de los cambios de la vida moderna sin abandonar las cosas básicas que siempre han hecho posible una vida humana saludable.

Todo estoico debe practicar la aceptación, pero eso no significa que no deban actuar. A veces necesitas aceptar que tienes necesidades que no están siendo satisfechas, y luego actuar sobre esas necesidades.

Así que, ahora es el momento de preguntarte, ¿estás viviendo en armonía con tu naturaleza básica?

Conclusión Práctica

En este mundo moderno, muchas personas viven fuera de sintonía con sus necesidades naturales.

Saca un trozo de papel y un utensilio de escritura. Ahora, escribe todas las cosas que crees que los humanos han necesitado para vivir vidas saludables a lo largo de la historia humana.

Una vez que tengas una lista escrita, revisa la lista y considera en qué áreas tu propia vida podría estar faltando. Rodéalas y luego genera ideas sobre cómo podrías abordar estas preocupaciones.

El estoicismo pone un gran énfasis en el pensamiento, pero los estoicos siempre han comprendido que los humanos son más que solo nuestros cerebros. Los pensamientos saludables tienen más probabilidades de surgir de cuerpos saludables. Así que comienza a dar los pasos que puedas para cuidar de ti mismo.

Capítulo 8: Estoicismo y Psicología

Las cosas en las que piensas determinan la calidad de tu mente.

—Marco Aurelio

Desde su creación, el estoicismo ha buscado explicar cómo funciona la mente humana y cómo puede ser reformulada en nuestra búsqueda por vivir vidas virtuosas. Cuando el estoicismo surgió por primera vez en la antigua Grecia, eran los filósofos quienes estaban mejor preparados para profundizar en las preguntas relacionadas con la mente humana y los pensamientos y sentimientos que la rodean.

Pero han pasado dos mil años desde el nacimiento de la filosofía y mucho ha cambiado. Mientras los filósofos siguen trabajando arduamente para comprender la naturaleza de la conciencia humana, ha habido un cambio importante que ha reescrito el papel de la filosofía. La filosofía ya no es la forma principal en que entendemos la mente humana, ahora nuestra comprensión fundamental proviene del estudio científico de nuestros cerebros y patrones de pensamiento.

Campos de estudio como la psicología, la biología y la neurología han reformulado la manera en que pensamos sobre el pensamiento. ¡Pero esto no significa que la filosofía esté fuera del juego! Sigue leyendo para descubrir cómo los estoicos modernos enfrentan las últimas revelaciones producidas por los científicos que han desvelado los secretos de la mente humana.

La filosofía antigua se encuentra con la ciencia moderna

El cerebro humano es algo increíblemente complejo. Desde el advenimiento del método científico hemos llegado a entender muchas cosas sobre cómo funciona el cerebro, pero cada pregunta que hemos respondido ha planteado muchas otras.

Sin embargo, podemos decir ciertas cosas sobre el cerebro humano que los antiguos estoicos no pudieron. Los antiguos griegos eran increíblemente inteligentes y comprendieron más de lo que muchos individuos modernos les dan crédito. Aún así, no tenían forma de saber cómo funcionaba la mente. Como tal, muchos filósofos tenían creencias sobre el pensamiento humano que podrían chocar con la ciencia moderna.

Una área de controversia es la cuestión del "libre albedrío." Los filósofos han argumentado durante mucho tiempo que los humanos pueden alcanzar el control total sobre su mente simplemente por la fuerza del pensamiento. La idea era que había una mente o espíritu inmaterial que reinaba sobre el cuerpo físico, operándolo fuera de la cadena normal de causa y efecto que rige la mayor parte del ámbito físico.

Esta creencia tiene sentido intuitivo. La mayoría de las personas siente que tienen el control total. Pero siglos de estudios científicos nos han mostrado un lado diferente del pensamiento humano.

La Importancia de la Química Cerebral

Una de las preguntas más desconcertantes que los humanos han tenido que hacerse es cómo los pensamientos que pensamos y las emociones que sentimos están conectados con nuestros cuerpos físicos. Hubo una época en la que la gente creía que los pensamientos eran completamente inmateriales, totalmente desconectados de nuestras formas físicas. Pero a medida que hemos podido observar más de cerca el cerebro humano, hemos sido testigos de conexiones sorprendentes.

Por un lado, parece que las alteraciones hechas en el cerebro pueden afectar la forma en que las personas piensan y sienten. Uno de los ejemplos más convincentes del impacto que la fisiología cerebral tiene en la elección y personalidad humanas es el caso de Phineas Gage.

Gage era un trabajador de construcción de ferrocarriles en el siglo XIX. Según todos los informes, era una persona educada y agradable hasta el día en que una explosión lanzó una varilla de hierro por los aires y le impactó en la cabeza a Gage. Según todos los informes, el accidente debería haber sido mortal, pero Gage pudo sobrevivir milagrosamente con el gran trozo de metal atascado en su cerebro (O'Driscoll).

Pero mientras el cuerpo de Gage sobrevivió al accidente, muchos cercanos a él sintieron que el Gage que conocían murió en el accidente. Phineas experimentó un cambio rápido en su personalidad. El hombre que antes era amigable se volvió vulgar y grosero. El daño en su cerebro pareció convertirlo en una persona completamente diferente, y de repente la gente comenzó a pensar de manera diferente sobre el vínculo entre la fisiología y la identidad.

Mientras estudios adicionales han mostrado que algunas de las afirmaciones más grandiosas sobre la transformación de Gage fueron exageradas, su historia es solo un ejemplo entre muchos donde los cambios en la composición cerebral han llevado a cambios significativos en el pensamiento, la toma de decisiones y la personalidad.

Tales revelaciones científicas recientes han llevado a los estoicos modernos a replantear algunas de las creencias antiguas en torno al pensamiento humano. Los estoicos antiguos creían que cualquier persona podía lograr un control total sobre su cerebro si seguía las prescripciones estoicas al pie de la letra. Hoy en día, las personas son más escépticas ante esta proposición, entendiendo que cada individuo tiene una composición cerebral única que podría predisponerlo en ciertas direcciones.

Esto significa que algunas personas pueden encontrar que el enfoque estoico les resulta fácil, mientras que otras tendrán una dificultad especial para lidiar con sus disposiciones naturales. Esto requiere un cuidadoso reexamen del pensamiento estoico, pero no ataca el núcleo del estoicismo. Tal vez no todos puedan convertirse en un Sabio, pero eso no significa que las personas no puedan buscar progresar desde donde están.

Un Cambio en el Pensamiento

Una forma en que la neurociencia moderna apoya el sistema estoico es la complejidad que ha revelado dentro de la mente humana. Las viejas creencias que sugerían que las mentes humanas eran relativamente simples y fáciles de controlar han sido reemplazadas por una comprensión más matizada de todo lo que se suma para crear la conciencia humana.

Algunas personas creen que las revelaciones modernas sobre la compleja red de factores que influyen en nuestra toma de decisiones son deshumanizantes. Esto es comprensible, cuando te crían para creer que tienes el control total de cada pensamiento y acción, puede ser perturbador darse cuenta de que hay tantas cosas que moldean nuestras elecciones sin nuestro conocimiento consciente. ¿Pero es esto deshumanizante?

Propondría que esta información implica revelar una nueva capa de lo que significa ser humano. El hecho de que no reconocimos nuestra plena complejidad en el pasado no significa que hayamos sido criaturas simples que tenían control total. Siempre hemos tenido mentes complejas y contradictorias, y la ciencia ahora nos permite entender las razones detrás de las luchas que han existido desde los días de los antiguos estoicos y hasta el amanecer de la humanidad.

Finalmente, el estoicismo nos recuerda a todos los peligros de reaccionar negativamente ante la realidad. Puede que no te guste el mundo, pero tus preferencias no reescribirán la realidad. Fingir que la química cerebral no existe no te dará un mayor control sobre tus pensamientos y acciones. Por el contrario, si no estás dispuesto a enfrentar los factores demasiado reales que dan forma a tu pensamiento, entonces en realidad te estás atando las manos, limitando nuestras opciones en una época en la que nosotros, como humanos, tenemos la oportunidad de tomar las riendas de nuestro futuro.

Terapia Cognitivo-Conductual

Una área donde el estoicismo antiguo y la ciencia moderna están en notable alineación es la práctica de la Terapia Cognitivo-Conductual, o TCC.

CBT es un enfoque terapéutico que busca ayudar a las personas cambiando sus patrones de pensamiento. La idea es que los pensamientos que tenemos, las emociones que sentimos y la forma en que nos sentimos están todos interconectados, y que los cambios realizados en un eslabón de esta cadena pueden cambiar drásticamente todo el sistema.

Muchas personas terminan en un espiral descendente vicioso porque crean bucles de retroalimentación negativa. Piensan en pensamientos negativos, lo que les lleva a sentir emociones negativas, lo que conduce a acciones destructivas. A medida que la persona enfrenta las repercusiones de sus malas decisiones, su visión negativa de sí misma se refuerza y el ciclo comienza de nuevo, solo que esta vez todo es aún más vicioso de lo que era antes.

Este tipo de comportamiento es demasiado común, y cualquiera que haya experimentado una espiral descendente puede entender cuán desesperada puede parecer la situación. Pero la TCC y el Estoicismo ofrecen ambos una salida de este ciclo.

Ves, tanto la TCC como el estoicismo proponen que un cambio holístico puede llevarse a cabo si las personas pueden hacerse cargo de sus pensamientos. De repente, la espiral se invierte, ya que los pensamientos positivos elevan la emoción y la acción y contrarrestan la antigua negatividad.

Este es solo el comienzo de las similitudes. El estoicismo y la TCC comparten una perspectiva similar, un enfoque compartido en la acción y la priorización del pensamiento claro y racional. Al estudiar los paralelismos entre la filosofía y la terapia, puedes ver cómo las ideas antiguas están conduciendo a resultados sólidos en el mundo de la ciencia moderna.

La Importancia de la Acción

El estoicismo es una filosofía centrada en la acción y la TCC es un enfoque centrado en la acción para la terapia. Ambos creen que para lograr un cambio real, este debe venir del interior de la persona que desea crecer. Además, el cambio no vendrá solo de aprender. La sabiduría es importante, pero nadie internaliza la información que aprende hasta que la pone en práctica.

Mientras que tanto el estoicismo como la TCC comienzan con cambios en la forma en que las personas piensan, la prueba definitiva del cambio se ve en la forma en que actúan. Las personas siempre son rápidas para decir que han aprendido su lección, pero luego, cuando se les pide que pongan en práctica su nuevo conocimiento, se desmoronan. Los estoicos entendían que aprender es un proceso que lleva tiempo. Ya sea que estés en terapia por un trastorno psicológico o simplemente buscando ganar más control sobre tu vida, hasta que los cambios comiencen a manifestarse en tus acciones no verás todo el impacto de lo que has aprendido.

La Importancia del Pensamiento Claro

Otro vínculo entre la TCC y el Estoicismo es el énfasis en el pensamiento claro y cuidadoso. Todo tipo de problemas pueden surgir cuando no ves el mundo tal como es. Incluso las personas que están bendecidas con una mente libre de trastornos o problemas similares aún pueden desarrollar una visión distorsionada del mundo por muchas razones. La situación es más pronunciada cuando surgen problemas dentro de la composición física del cerebro. Pero no importa cuán profundo sea el problema, la TCC ha demostrado que se pueden tomar medidas para corregir los patrones de pensamiento.

Por supuesto, algunas personas tendrán mayores dificultades para lograr un pensamiento claro que otras. Esta es una área donde la ciencia moderna corrige a algunos de los pensadores antiguos. Hace tiempo, la gente culpaba a las personas con trastornos mentales por sus problemas. Pensaban que si tales individuos simplemente trabajaran más duro, serían como los demás. La ciencia nos ha mostrado que este no es el caso.

La delicada química cerebral dentro de cada uno de nosotros puede fallar fácilmente. Por eso, casi todos confesarán que están luchando con sus propios problemas si los logras hacer hablar. Algunos de estos problemas son más graves que otros, pero todos podríamos usar ayuda para liberarnos de nuestras trampas mentales y ver con mayor claridad. El estoicismo delineó esto hace todos esos años, y hoy la TCC ofrece a las personas un camino concreto hacia un pensamiento más claro.

Combinando Terapia y Filosofía

Los seres humanos son criaturas complejas. Rara vez estamos satisfechos con soluciones unidimensionales. Anhelamos tanto la razón como la emoción. Por esta razón, la combinación de TCC y estoicismo puede ser una poderosa combinación.

Muchas personas pueden apreciar la ciencia de la TCC y el linaje intelectual que prácticamente cualquier profesional aporta. Pero la gente todavía puede quedar deseando más. La mayoría de las personas anhela formar parte de algo más grande que ellos mismos, algo que pueda ayudar a conectarlos con una gran tradición. Esta es una de las razones por las que la creencia religiosa y el patriotismo son fuerzas tan poderosas, traen a las personas juntas como parte de una tradición que se remonta al pasado.

El estoicismo es un sistema de creencias secular que puede ofrecer a las personas la historia y la belleza que anhelan. Es una filosofía de dos mil años que está sostenida por algunos de los escritos más bellos y conmovedores jamás producidos por la filosofía occidental. Combina el intelectualismo y el romanticismo en un paquete que sigue atrayendo a las personas miles de años después de la muerte de su fundador.

Cuando el poder emocional del estoicismo se combina con el

atractivo científico de la TCC, pueden suceder cosas maravillosas. Pero más allá del nivel práctico, también sirve como un recordatorio de lo asombrosos que eran esos estoicos originales. Incluso con todos los avances en el conocimiento que han ocurrido desde los días de la antigua Grecia, seguimos utilizando su sabiduría para iluminar nuestro camino hacia adelante.

Trabajando con la Química Cerebral Única que Tienes

Los antiguos estoicos tenían cierta comprensión de la variedad que existía entre los seres humanos, pero no podían haber conocido la naturaleza arraigada de estas diferencias. La idea de que podríamos tener un software bioquímico como el ADN guiando nuestras acciones o reacciones electroquímicas complejas en nuestro cerebro moldeando nuestros pensamientos estaba muy por encima de su capacidad de descubrimiento.

Esto no significa que los aprendices modernos deban descartar el trabajo de los antiguos. Un estudio cuidadoso de las obras fundamentales del estoicismo revela que, si bien los escritores pueden no haber sabido lo que ahora sabemos sobre la composición física de la mente humana, aún produjeron ideas y teorías que se alinean notablemente bien con los últimos avances científicos.

En 2015, un consejero llamado Ian Guthrie guió a sus pacientes a través de una discusión sobre las Meditaciones de Marco Aurelio. Encontró que, aunque sus pacientes estaban "seriamente y persistentemente enfermos mentales", sus pacientes se beneficiaron de una discusión guiada sobre el tema. (Guthrie 2015)

Esto demuestra que todo tipo de personas puede beneficiarse del estudio y la práctica del estoicismo. Puede que sientas que las circunstancias de tu nacimiento o las situaciones negativas que has experimentado a lo largo de tu vida te están frenando, pero nada de esto significa que no puedas obtener una mayor comprensión de ti mismo y un mayor control sobre tu mente a través del estudio del estoicismo. Ciertamente, algunas personas son más privilegiadas que otras, pero todos pueden beneficiarse si se comprometen a seguir la sabiduría transmitida por los antiguos estoicos.

Una Palabra de Advertencia

En este punto, vale la pena reiterar que este no es un libro médico. Aunque algunas personas informan que practicar comportamientos y pensamientos estoicos ha mejorado su calidad de vida, eso no significa que esta filosofía o cualquier otra sea un reemplazo para el tratamiento médico. Si tienes problemas de salud física o mental, entonces tu primera prioridad debería ser ver a un profesional médico capacitado que pueda ayudarte a controlar tu situación.

Mientras que los estoicos modernos no se ponen de acuerdo en muchas cosas, un área en la que hay un amplio consenso es que el verdadero estoicismo debe estar en línea con los últimos descubrimientos científicos. Los estoicos antiguos fueron capaces de desarrollar muchas ideas increíbles sobre la naturaleza de la mente humana mucho antes de la creación del método científico moderno, pero eso no es razón para darles la razón sobre los últimos descubrimientos de científicos y profesionales médicos.

Ciencia y Estoicismo: Trabajando Juntos

El estoicismo se trata de mejorar tu mente, y todos podemos estar agradecidos de que la ciencia nos ha brindado increíbles conocimientos sobre cómo funciona la mente, cómo puede fallar y cómo podemos mejorarla a través de una amplia variedad de enfoques. La terapia, la medicación, el ejercicio y muchas otras opciones pueden ser utilizadas para mejorar tu salud mental y permitirte tomar el control de tu vida.

Nunca deberías sentir que tienes que elegir entre el estoicismo y los tratamientos propuestos por profesionales médicos capacitados. Los estoicos modernos son abrumadoramente pro-ciencia y están trabajando constantemente para integrar los últimos descubrimientos en su comprensión del estoicismo. Cuando la ciencia y la filosofía trabajan juntas, pueden ocurrir cosas increíbles; nunca sientas que tienes que elegir entre uno u otro en tu búsqueda de una vida más feliz y saludable.

Conclusiones Prácticas

El pensamiento es una de esas cosas que viene tan naturalmente que simplemente lo damos por sentado. Pero si quieres tomar control de tus pensamientos, entonces ayuda dedicar un tiempo a examinar cómo piensas.

Para este ejercicio necesitarás encontrar un lugar tranquilo y pacífico.

Una vez que tengas un área para ti y unos minutos libres, puedes usar la meditación para examinar el funcionamiento interno de tu mente.

Cierra los ojos, respira despacio y cuenta lentamente desde diez con cada exhalación. Una vez que llegues a uno, simplemente sigue repitiendo ese número. Esto ayudará a calmar tu monólogo interno consciente.

Tómate el tiempo para estar en el momento y observa cómo reacciona tu mente. Mira cómo los pensamientos entran en tu mente. Siente cómo tu cuerpo reacciona a la paz y la tranquilidad.

Muchos de nosotros pasamos nuestros días con pensamientos

corriendo constantemente por nuestra mente, pero nunca realmente examinamos cómo estos pensamientos nos llegan. Este tipo de meditación no solo es una buena manera de calmarse y tomar un descanso del caos de la vida moderna, también te dará una comprensión más profunda de cómo funciona tu mente.

Capítulo 9: Aceptando lo Inaceptable

No importa lo que soportes, sino cómo lo soportas.

—Séneca

A lo largo de este libro hemos examinado los principios más fundamentales del estoicismo y cómo puedes utilizar estos principios para enfrentar los altibajos de tu vida diaria. Pero, ¿qué sucede cuando enfrentas luchas que van más allá de lo ordinario?

Nadie en esta tierra puede vivir una vida libre de tragedia. Por eso, cualquier filosofía debe luchar con las verdaderas profundidades del sufrimiento humano. Cualquiera puede idear una manera de dar sentido a una vida fácil, se necesita verdadera sabiduría para encontrar un camino a seguir cuando el sufrimiento se vuelve tan profundo que nos sentimos llevados a la desesperación.

Lidiar con el Dolor y el Sufrimiento

A lo largo de este libro hemos llegado una y otra vez a las diferentes formas en que los estoicos manejaron el dolor, la decepción y otras formas de sufrimiento. Pero hasta ahora, principalmente hemos mirado el tipo de problemas que nos causan molestias pero que no nos sacuden hasta los huesos.

¿Qué sucede cuando un estoico siente el tipo de dolor que podría destruir a una persona?

Es una cosa buscar oportunidades en los pequeños contratiempos que sufrimos cada día, pero ¿qué pasa con las verdaderas instancias de tragedia? A veces puede parecer que nuestras filosofías se desmoronan cuando enfrentamos el sufrimiento a gran escala. Cuando el dolor nos destroza y parece que nadie más ha sufrido tanto, toda la sabiduría del mundo puede sonar vacía.

No Estás Solo

Lo primero que hay que entender es que, no importa por lo que estés pasando, no eres la primera persona que sufre como tú. Tu situación puede ser única, pero el dolor y el sufrimiento son tan antiguos como la humanidad.

Por eso buscamos la sabiduría de los ancianos en estos asuntos. Todo se siente nuevo cuando lo estamos experimentando nosotros mismos, pero la verdad es que las mismas emociones se han repetido una y otra vez durante innumerables generaciones. Una de las cosas que une a la humanidad es nuestro sufrimiento compartido.

Lo siguiente que hay que entender es que, aunque algunas formas de dolor pueden sentirse tan extraordinarias que los consejos normales no son válidos, el hecho es que estas son las situaciones en las que es absolutamente crucial aferrarse a la sabiduría que tengamos. Cuando la primera ola de dolor te golpea, puede parecer que nunca podrás recuperarte, pero el simple hecho de que te sientas así no lo convierte en verdad. Aún puedes practicar el estoicismo y negarte a reflexionar sobre lo que has experimentado. Puede que requiera cada gramo de fuerza que puedas extraer de cada fibra de tu ser, pero si puedes lograrlo, entonces puedes detener la hemorragia y evitar que la situación empeore más de lo que debe.

Este tipo de dolor y sufrimiento es la razón por la cual es tan valioso practicar el Estoicismo en todo lo que haces. No quieres tener que aprender el arte de la aceptación mientras enfrentas algo que parece patentemente inaceptable. Necesitas empezar pequeño y crear un hábito de aceptación que pueda crecer con el tiempo hasta que algún día te lleve a través de momentos de dolor y conflicto.

Nunca es demasiado temprano para prepararse para el dolor

Si estás pasando por un período relativamente positivo en tu vida, puede que sientas que puedes navegar a través de todo esto. Cuando la vida va bien, la mente humana tiene una forma de asumir que las cosas seguirán yendo bien para siempre. Pero el hecho es que cada vida tiene altibajos. Todos experimentan momentos buenos y malos. Si estás experimentando un buen período en este momento, entonces una de las mejores cosas que puedes hacer es prepararte para cuando tu fortuna cambie.

"Es en tiempos de seguridad cuando el espíritu debe prepararse para tiempos difíciles; mientras la fortuna le otorga favores, es entonces el momento para fortalecerse contra sus reveses." - Seneca

Nadie disfruta de la desgracia. Pero aquellos que están acostumbrados a la desgracia están mucho mejor preparados para afrontarla que aquellos que nunca la han experimentado. Por eso, las personas nacidas en la pobreza no son tan propensas a ser destruidas por ella como aquellos que nacieron en la riqueza y luego fueron arrastrados a lo bajo por el destino.

La buena noticia es que en realidad no tienes que hacerte daño para prepararte para el dolor que podría venir en el futuro.

Puedes comenzar a prepararte a través de la práctica estoica de la visualización. Imagina que las cosas salen mal. Pero no te detengas ahí. Imagina lo que podrías hacer si tu fortuna cambiara. Piensa en cómo podrías convertir la desgracia en oportunidad.

Ves, si solo visualizas el dolor, es probable que solo te deprimas. Pero si superas el dolor, puedes recordar la verdad esencial del estoicismo, que cada momento es una oportunidad para desarrollar tu virtud.

Esto puede no redimir el sufrimiento a tus ojos ni explicar por qué tienes que pasarlo. Pero el estoicismo no se trata de explicar por qué suceden las cosas. Los estoicos no preguntan por qué el destino nos reparte las cartas que nos reparte; los estoicos simplemente aceptan lo que se les da y sacan lo mejor de la situación.

Procesando el duelo

De todos los tipos de dolor que la humanidad se ve obligada a soportar, ninguno es más temible que el duelo. El duelo es el dragón que derriba incluso los corazones más poderosos.

Es difícil poner en palabras la enormidad del dolor, pero eso no significa que esté más allá de ti. El dolor es algo que casi nadie puede comprender, y aun así, todos deben aprender a lidiar con él en algún momento de su vida.

Incluso si no puedes imaginar cómo el estoicismo puede ayudarte a lidiar con el duelo, debes confiar en que puede. Tienes el poder dentro de ti, y si puedes practicar la sabiduría del Sabio, puedes superar cualquier obstáculo.

Para instrucciones sobre cómo manejar el duelo, podemos mirar a Séneca.

"La naturaleza requiere de nosotros algo de tristeza, mientras que más que esto es el resultado de la vanidad. Pero nunca te exigiré que no llores en absoluto. ... Deja que fluyan tus lágrimas, pero que también cesen, que los más profundos suspiros sean arrancados de tu pecho, pero que también encuentren un final."

Lo primero que hay que recordar es que un estoico no es alguien que no siente dolor. Si sientes dolor tras una gran pérdida, no significa que no seas un estoico, simplemente significa que eres humano.

Lo que separa a los estoicos de los demás es cómo procesan el dolor.

No importa cuán mal se sienta el dolor, necesitas practicar el arte estoico de pensar de manera clara y racional. Debes ser capaz de dar un paso atrás y darte cuenta de que, aunque sientas que el dolor durará para siempre, la realidad es que todo en esta vida es impermanente. Esto también pasará.

Puede parecer que el dolor nunca se irá, pero la verdad es que se atenuará con el tiempo. Puede que nunca desaparezca por completo, pero no siempre amenazará con devorarte por completo. Esto es algo que debes recordar y en lo que debes encontrar consuelo.

Finalmente, recuerda que el estoicismo enseña que podemos tomar control de nuestras emociones y redirigirlas. Puedes tomar emociones negativas y moverlas en una dirección más saludable. Puedes pasar tus días lamentándote por el dolor que sientes después de perder a alguien, o puedes pensar en lo afortunado que eres de haber podido experimentar la vida con ellos mientras estaban contigo.

Nunca hay una sola cosa que debamos sentir. Siempre tenemos una elección que podemos hacer. Revolcarse en el dolor es algo que tienes que elegir. También puedes elegir levantarte de tu tristeza y moverte hacia algo más constructivo. No es fácil y no sucede rápidamente, pero cuanto antes empieces a moverte, antes alcanzarás tu destino.

Luchando con Grandes Preguntas

Una vez más, en esta etapa vale la pena reconocer las limitaciones del estoicismo. Si bien el estoicismo tiene las respuestas a muchas de las preguntas apremiantes de la vida, hay otras áreas donde las cosas quedan abiertas a la interpretación.

¿Cuál es el significado último de la vida? ¿Hay un Dios? ¿Sucede algo con nosotros después de morir?

Estas son todas preguntas profundas, significativas y altamente personales de las que el estoicismo moderno se aparta.

Algunos de ustedes pueden sentir que esto es una evasiva, pero la verdad es que proviene de un lugar de humildad intelectual. Hay estoicos modernos que pertenecen a todos los sistemas de creencias imaginables, religiosos o de otro tipo. Cada uno encuentra una manera de unir el pensamiento estoico con sus convicciones personales para poder dar sentido al mundo que los rodea y sobrellevar los altibajos de cada día.

Al final, el estoicismo no se trata de responder a cada pregunta. Se trata de cómo te abres camino a través de la vida. Las preguntas que van más allá de esto también están fuera del alcance de este libro.

Dejando Ir

Lo único que el estoicismo nos dice claramente en este ámbito es que la aceptación es clave. Esta es una de esas áreas donde la aceptación es increíblemente difícil, pero por eso es tan importante. Nadie quiere aceptar o reconocer la pérdida, pero es un paso que debe darse antes de que el proceso de sanación pueda comenzar.

Nada en el estoicismo puede quitar el dolor de la tristeza, pero si practicas la aceptación estoica, puedes descubrir que estás mejor preparado para aceptar incluso las verdades más agonizantes cuando llegue el momento. La aceptación es como cualquier otra habilidad, la práctica hace al maestro. Cuanto antes comiences a enfrentarte a la realidad en toda su fealdad y gloria, mejor preparado estarás para los peores golpes que la vida pueda arrojarte.

El dolor de la pérdida permanecerá mientras lo retengas. El estoicismo nos enseña que todo dolor puede ser eliminado si nos permitimos soltarlo. Nunca es fácil, pero es lo correcto. Hasta que no sueltes, no podrás avanzar.

Interactuar con los demás

Si te comprometes completamente a practicar el estoicismo, serás testigo de ciertas transformaciones en tu vida. Con el tiempo, tu manera de ver el mundo cambiará, al igual que la forma en que piensas y sientes. A medida que pase el tiempo y internalices cada vez más el pensamiento estoico, puede que descubras que los demás te miran diferente, con algunos conocidos preguntándose si eres la misma persona que conocieron alguna vez.

Una cosa que los estoicos comprometidos se dan cuenta es que puede parecer que hay una brecha entre ellos y la persona promedio, una brecha que se amplía con el tiempo. La realidad es que la mayoría de las personas no son estoicos. Aunque la sabiduría estoica podría beneficiar a todos, la mayoría de las personas nunca abrazará esta filosofía.

Con esto en mente, vale la pena considerar cómo los estoicos deben actuar alrededor de los no estoicos. Si quieres vivir una vida productiva y placentera, necesitas pensar cuidadosamente y actuar con reflexión.

Viviendo en un mundo lleno de no estoicos

El estoicismo se trata de aceptación, y una cosa que cada estoico necesita aceptar es que no todos comparten sus creencias. Tal vez el mundo sería un lugar mejor si todos fuesen estoicos, pero lo más probable es que un mundo así nunca llegue a ser.

Esto significa que como estoico debes entender que no todos pensarán como tú o compartirán tus valores.

Por ejemplo, tu lema personal podría ser "memento mori" y podrías descubrir que los recordatorios constantes de tu propia mortalidad son una buena manera de fomentar la productividad y una vida significativa. Esto no significa que los que te rodean aprecien ser recordados de que algún día morirán.

Siempre que alguien es introducido a un nuevo sistema de creencias que les habla de manera profunda y significativa, su primer impulso suele ser compartir su nueva sabiduría con todos los que pueden. Este es un impulso natural y comprensible, pero también puede ser peligroso.

Empatía Estoica

Una forma en que el estoicismo puede ayudarte a lidiar con quienes te rodean es la empatía que puede ayudarte a desarrollar. Una vez que te comprometes seriamente a trabajar en tus propias deficiencias y debilidades, puedes llegar a apreciar las luchas que enfrentan otras personas. Profundizar dentro de ti mismo revelará las causas raíz del mal comportamiento, y una vez que comprendas esto en ti mismo, podrás verlo en los demás.

De repente podrás observar cómo alguien te insulta o te interrumpe sin ser insultado como solías ser. Esto es porque entiendes que este tipo de comportamiento generalmente no se trata de ti, es un reflejo de las luchas internas con las que la otra persona está lidiando.

Finalmente, cuanto más practiques el estoicismo, mejor preparado estarás para mantener la calma ante las circunstancias negativas.

Practicando la Humildad Estoica

Quiero que consideres una vez más la idea de que deberíamos aceptar el destino. El estoicismo nos llama a aceptar el destino porque hay tanto en esta vida que está más allá de nuestro control. Luego pasamos de la aceptación del destino a centrarnos en tomar el control de nuestros pensamientos, emociones y acciones.

Pero, ¿qué pasaría si pensamos más en el destino? Considera cuánto está más allá de tu control. El universo es un lugar gigante y solo tienes control sobre tu cuerpo y algunas de las cosas con las que entra en contacto.

Comprendido adecuadamente, el estoicismo es increíblemente humillante. Incluso un gran emperador como Marco Aurelio llegó a entender sus limitaciones a través del estoicismo. Otros emperadores se veían a sí mismos como deidades, pero Marco entendía que en realidad no era diferente de ningún otro hombre.

El estoico entiende que nuestro control es extremadamente limitado, pero aún así tenemos la increíble fortuna de ser bendecidos con lo que tenemos. La vida puede estar llena de luchas, pero también es demasiado breve. Por eso debemos aprovechar al máximo cada momento que tenemos en este planeta.

Conclusiones Prácticas

Toda la vida es temporal. Este es un hecho doloroso de la vida. Aun así, es una de las cosas que hacen que la vida sea tan preciosa. El hecho de que aquellos que están más cerca de nosotros no estén con nosotros para siempre debería recordarnos valorar nuestro tiempo con ellos mientras estén aquí.

Saca un trozo de papel y un utensilio de escritura. Piensa en alguien a quien cuidas. Date cuenta de que no estarán contigo para siempre.

Ahora escribe un mensaje para ellos. Hazles saber cuánto significan para ti.

Puedes darles la carta, decirles el mensaje de tu propia boca, o mantener el mensaje en privado. La elección es solo tuya.

Algunas prácticas estoicas pueden parecer macabras a primera vista, pero si las entiendes en su contexto adecuado verás que son afirmativas de la vida. Tantas palabras quedan sin decir porque las personas operan bajo la suposición de que siempre habrá otro día, otra oportunidad para encontrarse. La verdad es que la vida pasa volando, así que necesitas aprovechar cada oportunidad que se te ofrece.

No vivas en arrepentimiento, haz que las personas sepan cómo te sientes por ellas antes de que sea demasiado tarde.

Capítulo 10: Estoicismo en la Práctica

Mientras esperamos la vida, la vida pasa.

—Séneca

Comprender los fundamentos filosóficos puede ayudarte a reorientar tu forma de pensar, pero si quieres ver un cambio real en tu vida, entonces necesitas tomar medidas prácticas. La palabra acción aquí no tiene el mismo significado que en frases como "película de acción", en su lugar se refiere a

Recuerda, el estoicismo no es solo una forma de pensar sobre la vida. El estoicismo es una forma de vivir la vida. Si pasas todo el día leyendo las grandes obras de la literatura estoica pero nunca pones en práctica nada de lo que has leído, entonces no estarás en mejor situación que alguien que nunca ha escuchado la palabra antes.

En este capítulo, veremos algunos de los pasos más prácticos que puedes tomar para desarrollar tus habilidades estoicas. Aprenderás a tomarte el tiempo para meditar las cosas, vivir con incomodidad y practicar el impulso hacia adelante. Estos pasos pueden garantizar que logres resultados reales en tu viaje estoico.

Separando Entrada y Acción

Cada programa de computadora funciona a partir de una larga cadena de entradas y acciones. Un cálculo lleva a otro hasta que se obtiene un resultado. Cada vez que ejecutas un programa de computadora o abres una aplicación en tu teléfono, se llevan a cabo innumerables ecuaciones matemáticas para producir todo lo que ves en la pantalla frente a ti.

La mente humana a menudo se compara con una computadora, pero lo asombroso es que poseemos la capacidad de reprogramar nuestro propio software. Al pensar cuidadosamente en la forma en que funciona nuestra mente, observar nuestra mente en acción y entrenarnos activamente, podemos usar nuestras mentes para transformar nuestras mentes.

Pero lo que realmente separa al hombre de la máquina es el valor del pensamiento rápido. Si bien las reacciones rápidas son esenciales en la computación, si los humanos piensan demasiado rápido, pueden meterse en muchos problemas.

La sabiduría llega cuando eres capaz de reflexionar sobre las cosas antes de actuar.

"Entre el estímulo y la respuesta, hay un espacio. En ese espacio está nuestro poder para elegir nuestra respuesta."

-Viktor Frankl

En nuestro estado natural, la brecha entre la entrada y la acción es casi inexistente. Cualquiera que haya criado a un niño sabe con qué frecuencia actuará sin ninguna reflexión previa. Solo a través de la educación, la experiencia personal y el paso del tiempo, las personas desarrollan la capacidad de reflexionar verdaderamente sobre nuestras elecciones.

Pero no el pensamiento de todos se desarrolla de la misma manera. La mayoría de las personas aprenden suficiente moderación para evitar ingerir productos de limpieza venenosos solo porque parecen caramelos. Pero, ¿cuántas personas llenan sin pensar sus cuerpos con alimentos que saben que los están envenenando de maneras más sutiles?

El hecho es que todos podrían estirar el tiempo entre la entrada y la acción en sus vidas. Es valioso pensar en tu mente como un músculo. Si deseas ser capaz de sostener un peso pesado durante mucho tiempo, entonces necesitas practicar levantando pesos cada vez más pesados hasta que tus músculos se vuelvan lo suficientemente fuertes para la tarea en cuestión. Lo mismo ocurre con tus músculos mentales. Al practicar la paciencia, la moderación y la previsión en cada oportunidad que tengas, puedes desarrollar esta capacidad.

Es importante recordar que, al igual que con el desarrollo de la fuerza física, puede llevar mucho tiempo desarrollar la fuerza mental. Puede que tengas que trabajar durante años solo para darte unos segundos entre la acción y la reacción. Aún así, cualquier atleta de clase mundial te dirá que a veces un segundo es la diferencia entre perder la carrera y romper un récord mundial. Nunca subestimes el poder de las pequeñas ventajas que puedes obtener sobre tu competencia.

También debes recordar que simplemente leer este libro no hará nada para convertirte en una persona más paciente y reflexiva, así como leer un libro sobre levantamiento de pesas no te hará una persona físicamente más fuerte. Si quieres ver resultados reales, entonces necesitas poner en práctica los principios de este libro.

Si puedes lograr realmente practicar la paciencia y poner más pensamiento en cada acción, entonces puedes alcanzar cosas increíbles. El mundo está lleno de personas que actúan sin pensar, cada poco de autocontrol que puedas reunir te ayudará a destacarte de la multitud. Compruébalo tú mismo.

Abrazando la incomodidad/Practicando la desgracia

Los seres humanos temen muchas cosas, pero uno de los impulsos más poderosos detrás de todo comportamiento humano es el miedo a la pérdida. Tenemos un miedo mortal a perder lo que tenemos. A veces, este impulso produce resultados positivos, pero más a menudo de lo que pensamos, lo único que hace es crear estrés y dolor sin prepararnos para la pérdida real.

Los estoicos entendían esto. Vieron cómo muchas personas vivían vidas de miedo porque se habían acostumbrado a una cierta calidad de vida y no podían imaginarse viviendo si perdieran su riqueza y privilegio.

Séneca fue uno de estos filósofos. Vio el miedo que dominaba a los que lo rodeaban y lo reconoció en sí mismo. Como estoico, sabía que necesitaba encontrar una manera de afrontar este problema. La solución que ideó fue impactante, pero indudablemente poderosa.

"Dedica un cierto número de días durante los cuales te contentarás con la comida más escasa y barata, con una vestimenta burda y áspera, diciéndote a ti mismo en ese momento, '¿Es esta la condición que temía?'"

Palabras radicales. Palabras que son más fáciles de decir que de hacer. Pero según el relato histórico, Séneca practicaba lo que predicaba. De vez en cuando dejaba atrás la seguridad y la protección de su vida normal y salía a las calles para vivir como la clase baja romana pobre y sufriente.

Algunos pueden sentirse ofendidos por esta idea, llamándola "turismo de pobreza." Podrían, con bastante razón, señalar que hay una gran diferencia entre dormir en la calle por una noche sabiendo que tienes un hogar al que regresar por la mañana y vivir con el dolor y la incertidumbre constante de la falta de hogar crónica. Pero estos argumentos no ven el punto.

Séneca no estaba tratando de sugerir que las personas pobres no tengan nada de qué quejarse o presumir del hecho de que él podía hacer cualquier cosa que pudiera hacer. Como estoico, no estaba interesado en probarse a sí mismo ante los demás, se centraba en cultivar su propia mente. Descubrió sus propios miedos con respecto a la privación y decidió enfrentarlos de frente.

Seguir el estoicismo no significa que debas renunciar a todas tus comodidades mundanas y vivir una vida de pobreza y privación. El estoicismo trata de reconocer que si, por alguna razón, fueras sumergido en una vida de pobreza y privación, podrías sobrevivir. Más allá de eso, se trata de cultivar tus virtudes personales para que incluso puedas prosperar en tales circunstancias extremas.

Cómo Practicar la Incomodidad

Tómate un minuto para pensar en las cosas en este mundo de las que no puedes prescindir. Ahora reduce esa lista a aquellas cosas que moralmente podrías estar permitido renunciar. No deberías abandonar a tu familia solo para intentar construir tu propio carácter.

Si eres como la mayoría de las personas, tendrás una lista de cosas que son agradables de tener pero que, en última instancia, no son esenciales. Teléfonos inteligentes, televisores, bebidas caras, ropa elegante, y así sucesivamente. Profundiza tanto como puedas, puede que te sorprenda descubrir cuántos lujos disfrutas como alguien que vive en el mundo moderno.

Ahora mira esa lista e imagina la vida sin cada elemento. Presta atención a cómo reacciona tu cuerpo. ¿Hay algo que tenga tanto control sobre ti que tu corazón empiece a latir más rápido solo por pensar en un día sin ello? Cuanto más miedo tengas de vivir sin algo, más valioso sería intentar vivir sin ello.

Ya puedo decir que muchos de ustedes que están leyendo esto ya están poniendo excusas. Dirán que necesitan este aparato para su trabajo, o que si no se visten de la manera correcta pueden perderse alguna oportunidad, y así sucesivamente. ¡Y sus objeciones pueden ser lógicas! Pero necesitan saber que la mente humana tiene un miedo mortal a la pérdida y hará cualquier cosa que pueda para aferrarse a lo que tiene. Por eso es necesario que se pregunten si realmente están actuando en su propio mejor interés o si están permitiendo que el miedo los controle.

Con la mayoría de las cosas en tu lista, puede ser útil recordar que hubo un tiempo en que no tenías tus lujosos actuales. Si eres más joven, es posible que tengas que recordar cuando eras niño para rememorar los días antes de que siempre tuvieras un teléfono inteligente contigo, pero incluso si tienes que retroceder hasta la infancia, aún demuestra que había una vez en que podías vivir sin una conexión constante a Internet. También vale la pena recordar que muchos de los mayores milagros de la historia fueron logrados por personas que carecían de nuestros lujos modernos, ¡o incluso de nuestras necesidades modernas!

¿Significa esto que tienes que renunciar a todo y vagar por el bosque? En absoluto. Como hemos hablado al discutir la fuerza de voluntad, el desarrollo humano lleva tiempo. Y aunque algunas personas pueden permitirse renunciar a todo y llevar la vida con tranquilidad, la mayoría de nosotros no tenemos el privilegio o la constitución para un cambio tan radical.

Lo que todos podemos hacer es realizar pequeños pero significativos cambios que nos recuerden lo que realmente necesitamos en esta vida.

Quizás tu trabajo significa que necesitas estar de guardia en todo momento. Está bien, pero ¿significa eso que necesitas todos los juegos y gadgets modernos incorporados en tu último smartphone? ¿Podrías mantenerte en contacto con el trabajo usando un teléfono plegable o incluso un buscapersonas?

También podemos mirar a Séneca como un ejemplo de cómo podríamos practicar la incomodidad. Llevó una vida normal la mayor parte del año, sacrificando solo un día al mes como un recordatorio de lo que era posible. Tal vez no te sientas cómodo viviendo la vida en el peldaño más bajo de la sociedad ni siquiera por un día, pero aún podrías dedicar un día al mes a vivir con lo menos posible.

Cuando la mayoría de las personas piensa en renunciar a las lujos, se enfocan en cómo su vida se verá limitada. Imágenes de lo que no podrán hacer pasan ante sus ojos. Cuando tus días están llenos de entretenimiento moderno, es fácil pensar que no tendrás nada que hacer si lo dejas.

Pero suele suceder algo curioso cuando las personas renuncian a los lujos modernos, se dan cuenta de que no son todo lo que se suponía que eran.

Claro, el smartphone ha abierto un mundo de oportunidades increíbles. Pero también ha traído muchas consecuencias negativas imprevistas. Recuerda que el pensamiento estoico no se trata de etiquetar cosas como los smartphones como buenas o malas, se trata de verlas como son. Y lo que son es complicado y, en última instancia, innecesario.

Si cada teléfono inteligente en el mundo desapareciera mañana, la vida continuaría. Lo mismo sucede con cada otro artículo de lujo que puedas imaginar. Recuerda que incluso los grandes emperadores de Roma vivieron sin electricidad, gasolina, internet, o medicina moderna. Si las personas de esa época pudieron vivir sin cosas que nosotros sensatamente etiquetamos como esenciales, entonces ¿qué tan difícil sería realmente la vida si aprendemos a vivir sin cosas que todos consideramos lujos?

Enfrentando Tu Miedo

Algunos pueden ver todo este concepto como una forma de masoquismo o locura. Después de todo, ¿quién en su sano juicio se somete voluntariamente al dolor y la incomodidad?

Y sin embargo, todos vamos al doctor para recibir nuestras vacunas contra la gripe aunque no hay nada placentero en que una aguja nos sea introducida en la piel.

Nadie se pone una inyección porque le guste ponérsela, se la ponen porque saben que los preparará para lo que está por venir. Lo mismo ocurre con el estoico. No buscan la incomodidad porque amen la incomodidad, la buscan porque saben que es un hecho de la vida. La incomodidad llegará, la pregunta es si estarás preparado o no.

Movimiento Constante Hacia Adelante

El estoico aspira a un desarrollo constante. Aunque aceptan las cosas tal como son, saben que siempre pueden trabajar por algo más grande.

Esto es algo que casi cualquier fan moderno del estoicismo te dirá. Sin embargo, también puede ser engañoso. Debes recordar que los objetivos de un estoico no son los objetivos de la persona promedio.

La mayoría de las personas piensa que para mejorar su vida deben acumular continuamente una mayor riqueza material. Muchas personas piensan que a menos que estén sumando constantemente números, se están quedando atrás en la vida. El estoico rechaza todo esto.

El estoicismo trata de comprender que la vida tendrá altibajos. De hecho, es más que eso. Cada verdadero estoico recuerda que la vida terminará en la muerte. Teniendo esto en cuenta, reconocen la futilidad definitiva de la rueda de hámster interminable en la que parece correr gran parte de la sociedad.

Entonces, cuando el estoico habla de desarrollo y mejora constante, está hablando de trabajar en sí mismo. Ellos están esforzándose constantemente por entrenar sus pensamientos, agudizar su mente y fortalecer su alma. Esto se debe a que el estoico entiende que lo único que realmente poseemos en este mundo somos nosotros mismos.

La importancia de la rutina

Volvamos a uno de los conceptos principales del estoicismo, la idea de vivir en sintonía con la naturaleza. Recuerda que no se trata de convertirse en un naturalista o ludita, se trata de trabajar con la naturaleza en lugar de en contra de ella. Y la fuerza natural más importante con la que todos debemos vivir es la naturaleza humana.

Cada ser humano debe aprender a vivir con sus inclinaciones naturales. Casi nadie vive una vida libre de la tentación de hacer cosas que son incorrectas. Es tan tentador tomar malas decisiones, y las malas decisiones pueden convertirse rápidamente en malos hábitos.

Por eso vale la pena invertir el tiempo y la energía necesarios para desarrollar rutinas positivas. Es una ley del universo que el orden tiende a degradarse en desorden con el tiempo. Solo al insertar energía en el sistema puedes preservar el orden, y mucho menos construir algo más grande y grandioso. Si no estás dispuesto a invertir en una mejora constante, entonces tendrás que conformarte con un lento descenso hacia el olvido.

Por eso deberías establecer una vida llena de rutinas que te impulsen continuamente hacia una mejor vida. La idea es que puedes utilizar el poder del hábito para asegurarte de que te mantienes en el camino correcto incluso cuando tu fuerza de voluntad te falle.

Los estudios han mostrado que se tarda alrededor de dos meses, en promedio, para crear un nuevo hábito (Clear, 2018). Por eso, deberías comenzar a integrar actividades inspiradas en el estoicismo en tu rutina lo antes posible. Cuanto antes empieces a practicar, más pronto te saldrán de manera natural.

Conclusión práctica

No tienes que renunciar a todo lo que posees para tener un poco de experiencia de cómo sería vivir sin ello. Todo lo que necesitas es algo de creatividad.

Saca tu papel y utensilio de escritura. Anota todas las cosas que sientes que no podrías vivir sin ellas. Lee la lista hasta que la tengas en tu memoria.

Ahora cierra los ojos e imagina la vida sin nada de la lista. Piensa en las consecuencias y cómo las manejarías. Intenta proyectarte lo más lejos posible en el futuro.

Entonces, ¿cómo fue? ¿Te imaginaste colapsando y rindiéndote a la vida? ¿Te imaginaste muriendo? ¿O era posible que la vida pudiera continuar incluso sin todo lo que dependes y atesoras?

El hecho es que estás hecho de cosas más fuertes de lo que podrías pensar. No necesitas todas las cosas que sientes que necesitas. Si estás dispuesto a intentar hacer sin estas cosas, entonces lo verás de primera mano. Sin embargo, también puedes aprender esta lección a través de la visualización. La elección es tuya.

Conclusión: Una filosofía para la vida

Ahí lo tienes. Ahora posees todas las herramientas básicas necesarias para comenzar a transformar tu vida. Sin embargo, debes tener en cuenta lo que implica esta transformación.

La vida de un estoico no es una vida fácil. No es una vida perfecta, libre de dolor y contratiempos. No es la vida para aquellos que sueñan con el éxito de la noche a la mañana.

Lo que ofrece el estoicismo es una vida de mejora constante y gradual. Es una escalada lenta y constante hacia la cima de la montaña que existe dentro del corazón humano.

Lo que descubrirás a medida que practiques el estoicismo es que gran parte del dolor y sufrimiento experimentado en la vida no es obligatorio, sino que es en realidad autoinfligido. No puedes controlar las malas cartas que el destino te pueda repartir, pero con una práctica cuidadosa puedes tomar el control de la forma en que tu mente reacciona a estas situaciones.

Una vez que aprendas a dejar de preocuparte por los aspectos negativos de las situaciones y comiences a buscar oportunidades para crecer como persona, puedes aumentar considerablemente tu calidad de vida, disminuir tu nivel de estrés y alcanzar una calma que quizás nunca pensaste que fuera posible.

Por supuesto, estos grandes cambios no sucederán de la noche a la mañana. Hay una gran diferencia entre aceptar la proposición de que se puede trascender el sufrimiento y realmente poner esa idea en acción. El estoicismo no es un tónico milagroso que te transformará de la noche a la mañana, es un estilo de vida que debe ser practicado y perfeccionado a lo largo de tu vida.

Esto puede parecer una propuesta abrumadora, pero debes recordar que este es el camino de toda verdadera auto-mejora humana. No hay balas de plata que derriben instantáneamente los obstáculos en tu camino. Las únicas personas que consistentemente se enriquecen con esquemas de "enriquecerse rápido" son aquellas que los venden a personas que no tienen paciencia. Los caminos probados y verdaderos hacia el éxito implican trabajo duro, compromiso y perseverancia.

Sin embargo, esto no significa que tendrás que esperar meses o años para comenzar a ver resultados. Si has leído cuidadosamente el libro y has tomado a pecho el conocimiento que contiene, entonces ya deberías ver el mundo con nuevos ojos. Cuando cambias tu perspectiva de una de pesimismo y frustración a una de fe en oportunidades infinitas, entonces puedes ver cambios maravillosos ocurrir en tu vida.

El mundo está lleno de personas que sienten que la vida las ha derrotado. Miran a su alrededor y deciden que no tienen esperanza porque el mundo está en su contra. Muchas de estas personas están lidiando con un verdadero prejuicio que deben esforzarse por superar, pero muchas otras en realidad están luchando contra su propia actitud poco saludable. Y en ambos casos, la negatividad les impide alcanzar su máximo potencial.

Un tú más tranquilo, sereno y controlado es posible. Después de leer este libro, tienes todas las herramientas que necesitas para tomar el control de tu vida. La única pregunta es si harás lo necesario para alcanzar tus metas.

Sabiduría del Estoicismo:

La Filosofía Estoica de Marco Aurelio. Herramientas para la Resiliencia Emocional, la Positividad y la Inteligencia.

Copyright 2024 por Robert Clear - Todos los derechos reservados.

El siguiente eBook se reproduce a continuación con el objetivo de proporcionar información que sea lo más precisa y confiable posible. No obstante, la compra de este eBook puede interpretarse como un consentimiento al hecho de que tanto el editor como el autor de este libro no son de ninguna manera expertos en los temas discutidos en su interior y que cualquier recomendación o sugerencia que se haga en este documento es solo para fines de entretenimiento. Se debe consultar a profesionales según sea necesario antes de emprender cualquiera de las acciones apoyadas en este documento.

Esta declaración es considerada justa y válida tanto por la Asociación Americana de Abogados como por el Comité de la Asociación de Editores y es legalmente vinculante en todo Estados Unidos.

Además, la transmisión, duplicación o reproducción de cualquiera de las siguientes obras, incluidos los datos específicos, se considerará un acto ilegal, independientemente de si se realiza electrónicamente o en formato impreso. Esto se extiende a la creación de una copia secundaria o terciaria de la obra o una copia grabada y solo se permite con el consentimiento expreso por escrito del Editor. Todos los derechos adicionales reservados.

La información en las páginas siguientes se considera ampliamente un relato veraz y preciso de los hechos y, como tal, cualquier falta de atención, uso o mal uso de la información en cuestión por parte del lector hará que cualquier acción resultante sea exclusivamente de su responsabilidad. No existen escenarios en los que el editor o el autor original de este trabajo puedan ser considerados de alguna manera responsables de cualquier dificultad o daño que puedan sufrir después de llevar a cabo la información descrita en este documento.

Además, la información en las páginas siguientes está destinada únicamente a fines informativos y, por lo tanto, debe considerarse universal. Como corresponde a su naturaleza, se presenta sin garantías respecto a su validez prolongada o calidad interina. Las marcas registradas que se mencionan se hacen sin consentimiento por escrito y no pueden considerarse de ninguna manera un respaldo por parte del titular de la marca.

Introducción

Felicidades por descargar Stoicism y gracias por hacerlo.

Los siguientes capítulos discutirán todo lo que necesitas saber para comenzar con el estoicismo. El estoicismo es una gran filosofía a seguir. Te ayuda a reconocer más sobre tus emociones y cómo funcionan, y asegura que puedas mantener el control, elegir cuándo expresar tus emociones y ser quien está a cargo de tus emociones. La mayoría de las personas eligen simplemente dejar que sus emociones tomen el control, enojándose cuando las cosas no salen como quieren. Pero esto puede llevar a relaciones arruinadas, oportunidades perdidas y mucho más.

Esta guía se trata de estoicismo y de cómo puedes implementar esta teología en tu propia vida. Vamos a examinar algunos de los conceptos básicos del estoicismo, la historia que acompaña al estoicismo y cómo puedes utilizar esta ideología para ayudar a mejorar gran parte de tu vida moderna. Puedes aprender sobre cómo las emociones destructivas pueden interponerse en tu vida feliz y cómo el estoicismo puede ayudarte a aprender más autocontrol, cómo convertirte en un pensador imparcial y cómo usarlo para deshacerte de toda la negatividad que ya está en tu vida.

Hay mucha desinformación cuando se trata de trabajar con el estoicismo. Muchas personas que nunca han echado un vistazo a esta escuela de pensamiento piensan que los estoicos no tienen emociones y son fríos, pero en realidad, los estoicos tienen las mismas emociones que los demás, simplemente eligen tener un control total sobre cómo utilizan esas emociones, lo que conduce a una vida mucho más plena y feliz. Cuando estés listo para aprender más sobre el estoicismo y cómo puedes utilizarlo para mejorar tu vida, asegúrate de leer este manual para aprender cómo comenzar.

¡Hay muchos libros sobre este tema en el mercado, así que gracias nuevamente por elegir este! Se hizo todo lo posible para asegurarse de que esté lleno de la mayor cantidad de información útil posible. ¡Por favor, disfrútalo!

Capítulo 1: ¿Estoicismo?

El estoicismo, o la filosofía estoica, puede parecer aburrido para muchas personas. O quizás escuchas esas palabras y piensas que es una tarea abrumadora incluso comenzar a entender qué está pasando con esta escuela de pensamiento. Pero en realidad, los principios que vienen con el estoicismo son bastante fáciles de trabajar y entender, y implementarlos en nuestras vidas modernas puede ayudarnos a crecer, mejorar, ganar más control sobre nuestras emociones y mucho más.

El estoicismo es una forma de vida. Te enseña cómo puedes mantener una mente racional y tranquila, sin importar lo que esté sucediendo a tu alrededor. Muchas veces, sentimos que nuestras vidas están en caos. Las cosas simplemente no van como deseamos. Pensamos que todos están constantemente enojados con nosotros. Creemos que las personas están en nuestra contra. Perdemos la calma, nunca hacemos las cosas y a menudo nos sentimos fracasados en el proceso.

Pero con el estoicismo, aprendemos a pensar en las cosas de una manera diferente. Aprendemos que podemos tener control, y es más fácil de lo que podríamos imaginar. Por ejemplo, ¿cuántas veces has dejado que tus emociones te dominen? Te enojaste por algo, te sentiste frustrado, triste o incluso feliz, y simplemente no pudiste hacer que la emoción se detuviera. Gritaste y vociferaste, tuviste una pelea, comenzaste a lanzar cosas y sentiste que todo estaba fuera de tu control.

Este tipo de pensamiento es muy peligroso. Nos hace sentir en discordia con otras cosas que están sucediendo a nuestro alrededor, y puede hacernos sentir mal, ansiosos y estresados. A pesar de que podemos sentir que estamos fuera de control en esta situación, en realidad tenemos todo el control del mundo.

En esta guía, vamos a pasar mucho tiempo analizando el estoicismo y todas las diferentes partes que lo acompañan. Pero una de las ideas subyacentes es que tenemos control. Claro, surge una emoción y no podemos detener nuestros sentimientos. Pero podemos observar esa emoción y pensar lógicamente en cómo queremos reaccionar ante ella.

Cuando estamos enojados, no tenemos que desquitarnos con los demás. Podemos reconocer que la emoción está presente, determinar si es válida o no, y luego decidir cómo queremos reaccionar. Una vez que te das cuenta de que tienes todo el poder del mundo sobre tu vida, las cosas ya no parecen tan caóticas o locas. Sí, todavía tendrás emociones, pero aprenderás a tener control sobre ellas, en lugar de que ellas tengan todo el control sobre ti.

Por supuesto, esta es solo una de las ideas que vienen con el Estoicismo. El Estoicismo va en contra de algunas de las ideas modernas que muchos de nosotros apreciamos. Se da cuenta de que hay muchas cosas que están fuera de nuestro control. No podemos elegir cómo las personas nos van a tratar. A veces suceden cosas malas, sin importar cuánto intentemos prevenirlas. Pero una constante que siempre se mantendrá igual, una constante de la que podemos depender, es que tenemos el poder y el control total sobre cómo reaccionamos ante el mundo.

10 principios clave del estoicismo

Para ayudarnos a entender mejor qué es un estoico y qué principios se siguen en esta escuela de pensamiento, vamos a echar un vistazo a las diez creencias clave que se asocian con esto. Incluyen:

1. Vive en armonía con la naturaleza y las demás cosas a tu alrededor.
2. Vivir por virtud
3. Enfócate en lo que puedes controlar y luego aprende a aceptar las cosas que no puedes controlar.
4. Distingue entre cosas buenas, malas e indiferentes y ajusta tus reacciones a ellas.
5. Toma acción. Un verdadero filósofo no tiene que simplemente sentarse y dejar que las cosas sucedan. Son tomadores de acción y son aún más efectivos porque tienen el control sobre qué acciones utilizan.
6. Practica la adversidad. Mientras que el estoicismo debería tratar sobre aprender a aceptar las cosas que no puedes controlar, practicar un poco de adversidad puede ser muy útil. Te ayuda a estar preparado cuando las cosas no salen como esperas, lo que puede ayudarte a progresar de verdad porque estas cosas malas no te tomarán por sorpresa.
7. Agrega una cláusula de reserva a todas tus acciones planificadas. Piensa en esto como tu plan B. Cuanto

más preparado estés, menos te van a alterar los contratiempos menores.

8. Ama todo lo que sucede. No, puede que no todo sea perfecto como deseas, pero todo es parte de la imagen más grande de tu vida. Aprende a aceptar y amar todo lo que te sucede, y obtendrás más riqueza de la vida.

9. Convierte todos tus obstáculos en oportunidades. A menudo, la percepción será clave con este tipo de filosofía.

10. Sé consciente. La atención plena es muy importante para obtener los resultados que deseas del estoicismo.

¿Cómo se ve un estoico?

La imagen que suele existir sobre los estoicos es que son inexpresivos, insensibles y que en realidad no tienen sentimientos en absoluto. Aunque estas personas pueden permanecer calmadas en más situaciones que otras, esto no significa que no tengan sentimientos. Simplemente significa que han encontrado formas más efectivas de lidiar con sus sentimientos. En lugar de dejar que esos sentimientos salgan y provoquen una escena o lastimen a alguien más, toman el control de los sentimientos y deciden qué pasará con ellos.

La idea errónea de una persona sin emociones proviene de la creencia de que los estoicos no deben dejarse llevar por pasiones poco saludables o irracionales. Sí, pueden sentir estas emociones, pero no tienen que reaccionar a ellas de una manera que sea poco saludable o que cause algún daño a otros. Es completamente natural sentir este tipo de emociones, pero eso no coincide con nuestra naturaleza humana racional cuando elegimos actuar solo porque estamos experimentando estas emociones.

Habrá momentos en los que las emociones comiencen a apoderarse de nosotros. Alguien te dice algo grosero, te sientes triste cuando ocurre una situación, te sientes demasiado feliz y emocionado por algo. Estas son cosas que suceden en nuestras vidas, y las emociones automáticas que surgen de ellas son completamente normales. No siempre podemos controlar lo que está sucediendo a nuestro alrededor, por mucho que lo intentemos, y dejar ir eso y trabajar en lo que podemos controlar (que, en este caso, es cómo reaccionamos a nuestra respuesta emocional), puede marcar la diferencia entre un estoico y un no estoico.

En muchos casos, un estoico va a intentar usar el entrenamiento y la razón para ayudarse a no actuar solo porque están sintiendo cosas. No ignoran el sentimiento. Pero en lugar de dejar que la emoción se apodere de ellos, dan un paso atrás. Reconocen que la emoción está presente. Ignorar la emoción puede ser incluso peor que dejarla salir y dejar que tome el control. Así que, como estoico, no olvides la parte importante de reconocer la emoción que estás teniendo.

Pero en lugar de reaccionar, mirarás esa emoción y responderás a ella con virtud y razonamiento. Después de dar un paso atrás, es posible que te des cuenta de que estás teniendo una reacción emocional, pero en realidad, no se ajusta a la situación. Por ejemplo, ¿alguna vez has tenido una situación en la que explotaste con alguien por algo que era realmente pequeño y no significaba nada? Un estoico es menos propenso a tener estas situaciones porque da un paso atrás, mira la emoción y la situación, se da cuenta de que actuar de esa manera realmente no está justificado en este caso, y luego encuentra otra forma de lidiar con la situación.

Piense en cuántos desacuerdos y argumentos podrían evitarse si todos pudieran hacer esto. No siempre es fácil. El camino más fácil es simplemente dejar salir la emoción y no pensar en las acciones hasta que todo esté hecho y terminado. Pero para añadir más calma y razonamiento a su vida, y realmente hacerse más feliz en general.

El estoico no va a ser alguien que no tenga sentimientos. Tienen los mismos sentimientos que cualquier otra persona. Pero han aprendido cómo no estar esclavizados a estos sentimientos. Esto no es lo mismo que ser insensible o no tener sentimientos. Se necesita mucho tiempo y energía para aprender a ser más autodisciplinado y tener coraje. Tienen los mismos sentimientos que antes, pero gestionar estas emociones y hacer que se comporten de la manera que deseas, en lugar de que tú te comportes de la manera que quieren tus emociones, es la clave para alcanzar la verdadera felicidad.

Piensa en cuántas amistades has arruinado a lo largo de los años porque reaccionaste con ira o frustración, e hiciste cosas de las que no te enorgulleces. ¿Cuántos sentimientos heriste en el camino? ¿A cuántas personas has alejado con tu rabia, tu tristeza o cualquiera de las otras emociones que has sentido? Si alguna vez hiciste algo y luego te arrepentiste, entonces has, al menos en parte, permitido que tus emociones te controlen, en lugar de ser tú quien controla sus propias emociones.

Ahora, está bien reaccionar a tus emociones en algunos momentos. Esta es la belleza de cómo funciona el estoicismo. Solo porque sigas esta ideología no significa que tengas que dejar que todo te afecte y que nunca puedas mostrar felicidad, tristeza, ira u otra emoción nuevamente. Pero la clave aquí es que tú eliges cuándo mostrar esas emociones. Si te detienes un momento y encuentras que la situación justifica una de esas emociones, entonces adelante, muéstrala externamente. En otros casos, puedes encontrar que la emoción simplemente no encaja con la situación, o puedes decidir que, aunque la situación justifique ira u otra emoción, simplemente no vale la pena tu tiempo y energía enfocarte en eso.

Hay muchas maneras de describir a un estoico, y esto realmente ayudará a otros a entender más sobre lo que hay en esta filosofía. Algunas de las afirmaciones que ayudan a describir la personalidad de alguien que es estoico incluirán:

· Son confiados y serenos, sin importar lo que se les presente. Esto requiere tiempo y práctica para dominarlo, así que no te preocupes ni te enfades si tropiezas de vez en cuando.

· Actúan en base a la razón más que a las emociones.

· Se concentran en lo que pueden controlar. Y no se preocupan por las cosas que no pueden controlar.

· Aceptan su destino, sin quejarse ni lamentarse, y nunca los oyes quejarse.

· Son perdonadores, generosos y amables. Esto a menudo surge de la idea de que son capaces de controlar sus emociones, y entonces pueden mirar más allá de sus propios problemas y ver el punto de vista de la otra persona en esa situación.

- Las acciones que toman son prudentes y asumen la responsabilidad por ellas.

- Saben cómo mantener la calma y han aprendido a no apegarse a las cosas externas.

- Van a poseer muchos rasgos admirables, incluyendo autodisciplina, coraje, benevolencia, justicia e incluso sabiduría práctica.

- Ellos son capaces de vivir en una especie de armonía con todo lo que los rodea. Esta armonía se extenderá hacia la naturaleza, hacia el resto de la humanidad y hacia ellos mismos.

Mientras hay diferentes ideas sobre lo que implica el estoicismo, muchas de estas son malentendidos de toda la filosofía. Hay muchos beneficios en este tipo de ideología, y seguirla puede llevarte a la paz interior, mejores relaciones con los demás y mucho más. Se necesita tiempo y algo de paciencia para aprender a mantener esas emociones bajo control, y como principiante, es posible que te equivoques y dejes salir esas emociones. Esto no significa que seas una mala persona o que hayas fracasado en lo que respecta al estoicismo, solo significa que hay más trabajo por hacer para mejorar a medida que avanzas en tu viaje.

Capítulo 2: La historia del estoicismo

El estoicismo se formó en la antigua Grecia, por Zeno, alrededor del 300 a.C. La palabra estoicismo proviene del griego Stoa Poikile, que significa "porche pintado." En ese momento, este era un espacio público que estaba disponible al aire libre donde los filósofos de Grecia podían reunirse y pasar tiempo hablando. Muchas teorías se discutieron aquí y muchas de ellas se incluyeron luego en el desarrollo inicial del estoicismo.

Chrysippus fue uno de los primeros creadores de la doctrina establecida con el estoicismo, y dedicó tiempo a desarrollar estos fundamentos en sus propios escritos. Sus explicaciones de esta primera doctrina ayudaron a hacer del estoicismo un movimiento filosófico muy popular durante su época, y hasta el día de hoy. A menudo se le atribuye el mérito de haber dado a la ideología del estoicismo el reconocimiento y la aclamación que sabemos que ha tenido a lo largo de los años; todo gracias a sus publicaciones en ese momento.

Según Crisipo, todo lo que sucede a nuestro alrededor, incluyendo las cosas en nuestras vidas y en la naturaleza, dependerá de una causa específica. Es decir, si hay algo malo que está ocurriendo en tu vida, habrá alguna causa raíz que te llevó a este destino. Nada que ocurra en la vida sucederá sin una causa y efecto secuencial. En la misma nota, también creía que cada uno de nosotros tiene voz y juega un papel en nuestro destino final y que tenemos todo el poder para cambiarlo. Creía que para que un individuo tenga un alma libre, los humanos necesitaban tener una comprensión clara de estos patrones.

Hasta ese momento, Grecia había pasado por muchas eras de pensamiento filosófico, incluyendo el escepticismo y el cinismo. Sí, además de sus significados literales en tiempos modernos, en realidad eran escuelas de pensamiento que muchos siguieron en la antigua Grecia. Por sí sola, encontrarás que el estoicismo no duró mucho en la antigua Grecia, pero partes de él terminaron influyendo en otros tipos de filosofías y religiones a lo largo de las épocas después de ese tiempo.

Si bien se desarrollaron muchas ideas bajo el paraguas del Estoicismo, la más importante de estas es la idea de que tenemos completo poder y control sobre nuestras emociones, y la capacidad de superar las emociones más perjudiciales y negativas es la mejor clave para vivir nuestras mejores vidas. Si cedemos a estas emociones, es probable que causemos distracción y dolor en nuestro camino. Pero si podemos superar esas emociones, es mucho más fácil mantenernos felices y conservar algunas de las relaciones cercanas de las que dependemos tanto.

La formación en esta filosofía se enfocará en el dominio de las emociones, lo que puede darnos la capacidad de reaccionar ante las situaciones que nos ocurren de manera lógica y controlada. Cada uno de nosotros puede tener una vida que sea satisfactoria y productiva, pero primero, necesitamos aprender a deshacernos de los sentimientos negativos y de la ira, y luego reemplazarlos con acciones más significativas.

Entender que la vida tiene su propio vaivén, que todos tenemos cosas positivas y cosas negativas que nos suceden, y la capacidad de mirar esas situaciones, tanto buenas como malas, de manera neutral está en el centro del estoicismo y su visión ética. Recuerda, no se trata solo de la incapacidad de reaccionar ante esas cosas. Aún tienes que ser parte del mundo que te rodea y las emociones van a aparecer, no importa cuánto lo intentes. En cambio, un estoico se da cuenta de que tiene el poder de elegir una reacción lógica ante cualquier problema que encuentre, en lugar de dejar que la situación esté cargada emocionalmente. Es una pequeña diferencia, pero realmente puede transformar nuestros caminos y hacer que nuestros patrones de pensamiento cambien.

Por ejemplo, puedes encontrarte en una situación en la que tu coche se descompone y estás en la autopista. Tienes la opción de cómo puedes reaccionar. Algunas personas pueden molestarse y enfocarse en lo inconveniente que es esto y en cómo llegarán tarde al trabajo. Se quedan tan atrapadas en el problema que asumen que esta es la única forma de reaccionar en esa situación. Pero en esta situación, has perdido el control. Tus emociones están a cargo y probablemente te veas y suenes como un tonto al molestarte por una situación que está más allá de tu control. Esta negatividad te acompañará durante el resto del día y realmente puede afectar cómo te sientes.

También tienes la opción de adoptar una visión más estoica. El coche dejó de funcionar y ahora estás al lado de la carretera, sí, pero no es algo que pudieras controlar, y realmente no tiene impacto en ti como persona. Llegar tarde no va a acabar con el mundo, y aunque esto puede ser un inconveniente, no pasará mucho tiempo antes de que puedas continuar con el resto de tu día.

Cuando vives en razón, significa que necesitas tener una comprensión de cuál es tu lugar en el universo y por qué estamos aquí. En el estoicismo, la persona necesita vivir dentro de las leyes de la naturaleza y luego aprender cómo el sufrimiento y la negatividad pueden ser a veces parte de nuestra existencia terrenal. Elegir aceptar pasivamente este hecho, y no dejar que nos controle, puede llevar a mucha felicidad y satisfacción.

Otra cosa que hay que darse cuenta aquí es que todas las cosas vivas en este mundo han sido creadas iguales y que este proceso no se trata solo de nosotros mismos. Necesitamos respetar y aceptar la virtud de los demás. No estamos en esto individualmente; somos todos ciudadanos del mundo y podemos pasar por las mismas pruebas y problemas, emociones y más que los demás.

Como puedes ver, el estoicismo no es solo una idea ética. Es una forma de vivir tu vida. En esencia, el estoicismo se trata de estar en el momento presente y entender tu parte y tu lugar en nuestro universo. Aprendes a controlar tu vida y a controlar cuánta felicidad puedes tener de un día para otro. Y tener este control, aunque lleva mucho tiempo, dedicación y persistencia, puede ser justo la respuesta que estabas buscando cuando comenzaste con esta ideología.

Hay muchas buenas razones para aceptar el estoicismo y las ideas que vienen con él. Mientras que muchas personas asumen que es solo una escuela de pensamiento que incluye ser inemocional y no preocuparse por los demás, este no es el camino de un estoico. De hecho, a menudo se llevan mejor con los demás porque reconocen el punto de vista del otro, en lugar de concentrarse solo en el suyo propio. Son maestros de sus propias emociones y saben cómo cambiar las cosas que pueden controlar mientras aceptan las cosas que no pueden.

Capítulo 3: Pensador imparcial

Lo primero que vamos a explorar en lo que respecta al estoicismo es cómo convertirse en un pensador imparcial. Los humanos han desarrollado un hábito algo malo de poner sus emociones, y todos los pensamientos emocionales, antes de cualquier pensamiento lógico. Una de las partes principales de ser un buen estoico es que procesarás tus emociones, pero elegirás reaccionar ante ellas de manera lógica en su lugar. Las emociones siguen ahí, y el estoico aún reconoce estas emociones, pero el poder que tienen sobre el individuo se minimiza.

Poder hacer esto y operar en un modo de total equidad es una virtud que la mayoría de las personas carecen en nuestro mundo moderno. Un verdadero estoico es capaz de trabajar dentro de las leyes de la naturaleza que lo rodean, y la idea de ir en contra de eso para ganar estatus emocional y beneficios personales solo te llevará a muchos problemas más tarde. Si bien está en la naturaleza humana actuar de manera egoísta y en beneficio propio, este es un rasgo que puede descarrilar incluso a las mejores personas.

Ser imparcial en los pensamientos que tienes realmente puede brindarte la habilidad que necesitas para ver todas las posibilidades que se te presentan. Las personas que solo se enfocan en la solución a un problema sin considerar los sentimientos que tienen sobre el asunto o aquellos que no consideran quién es la persona que proporciona la idea tomarán las mejores decisiones. Son capaces de pensar objetivamente y tomarán todo en consideración, sin preocuparse por cómo se sienten acerca de la situación, o incluso cómo se sienten acerca de la otra persona.

Todos tenemos a esas personas con las que simplemente no nos llevamos bien. Nos irritan, nos molestan o han hecho algo que nos ha perjudicado en el pasado. Pero solo porque no nos gusten no significa que no tengan buenas ideas a considerar. Si eliges un proyecto ganador en el trabajo solo porque fue presentado por alguien con quien te llevas bien e ignoras un proyecto solo porque fue presentado por alguien que no te gusta, entonces te estás perdiendo de muchas grandes oportunidades en el camino.

El cerebro es algo que necesitamos explorar un poco aquí. El cerebro va a procesar estímulos a través del tacto, el sonido y la vista y luego enviará una respuesta. La primera vez que te expones a algo, puede tomar más tiempo procesar esa información y entender lo que está sucediendo. Pero cuanto más te expongas a ese mismo estímulo, el cerebro comenzará a construir caminos que pueden procesar la información más rápido. Te llevará a la misma conclusión que se alcanzó antes.

Esto facilita las cosas en el cuerpo y es una cuestión de conveniencia para el cerebro. Es por eso que podemos realizar muchas tareas sin siquiera pensarlo. Sin embargo, la desventaja de esto es que se vuelve muy fácil desarrollar algunos patrones de pensamiento negativos. Si siempre tenemos una perspectiva negativa en las situaciones, esos caminos se volverán muy fuertes, y siempre daremos una respuesta negativa. Cuando quieres convertirte en un estoico, necesitas aprender a anular estos caminos originales y cambiarlos por algo que sea mucho más positivo.

Veamos un ejemplo de esto. Supongamos que la mayor parte del tiempo, comienzas a sentirte frustrado y enojado cuando te encuentras con un poco de tráfico en el camino al trabajo. Esto puede ser frustrante, pero en realidad no es tan grave. Has entrenado a tu cerebro para enojarse y ponerse ansioso automáticamente cuando ves tráfico. Este es un patrón de pensamiento negativo, pero se basa principalmente en emociones. Te sientes preocupado o enojado por llegar tarde al trabajo. Sin embargo, si quitas esa emoción, entonces el embotellamiento es solo una cuestión de progreso ralentizado hacia tu destino previsto. Ya no es frustrante.

Una gran manera de trabajar en tu cerebro y lograr que cambie a una forma más positiva es aprender a cambiar la actitud que tienes hacia las cosas que suceden a tu alrededor. Muchos de nosotros podemos ponernos en el papel de víctima en cualquier situación, pero en la mayoría de los casos, estamos completamente a cargo de lo que sucede, y solo necesitamos verlo. Si no te gusta cómo va una situación, depende de ti hacer el cambio. Por ejemplo, en lugar de estar molesto por cómo va tu carrera y desquitarte con tus compañeros de trabajo, podrías decidir encontrar una carrera que sea más gratificante y hacer un cambio.

Tomar la responsabilidad adecuada por tu propio punto de vista y tus propias emociones puede convertirse realmente en un factor motivador para hacer cambios que mejoren tu vida. Si quieres que algo sea más positivo para ti, entonces necesitas empezar a tratar tu día, así como a los que te rodean, exactamente como lo imaginaste en tus fantasías diurnas. Si nunca tendrías una fantasía diurna sobre ser grosero con los demás y solo hacer lo mínimo cada día, entonces no deberías dejar que esta negatividad se infiltre en tu vida cotidiana.

Ser imparcial en tu vida no siempre es fácil. Cada nueva situación que surja es una nueva oportunidad para que te detengas y pienses si estás reaccionando con lógica o con tus emociones. Al principio, solo reaccionarás automáticamente, sin pensar. Pero necesitas aprender a separarte de una situación para que puedas cambiar esto.

Por ejemplo, si te sientes molesto con tu pareja, puedes pensar que echar la culpa, decir cosas hirientes y desquitarte puede sentirse bien en el momento. Pero, ¿dónde te ha llevado esto en el pasado? Probablemente nada más que arrepentimiento. Actuar por emociones puede sacar a relucir más malas emociones, y te quedas atrapado en un ciclo vicioso que no puedes mejorar. Si no puedes controlar las emociones, entonces puede ser el momento de alejarte un poco, permitiéndote pensar en tus emociones antes de decir algo.

Después de un descanso, puede que te des cuenta de que la situación no es tan grave. Quizás reaccionaste de manera exagerada a algo. Tal vez no te sientes bien. Y tal vez estabas cansado o hambriento y eso te llevó a actuar de cierta manera. Durante este tiempo, también considera cómo la otra persona ve esa misma situación. Quizás querían decir algo bonito, o algo que pensaban que era inocente, y tu sobrerreacción los ha dejado confundidos y heridos.

Ser capaz de distanciarte de tus emociones y reflexionar sobre la forma en que reaccionas ante diferentes situaciones puede ser de gran ayuda para que te sientas en tu mejor estado. Puede ayudarte a tener más control, a comprender mejor a las personas que te rodean y mucho más.

Capítulo 4: La Importancia del Autocontrol

Lo siguiente que necesitamos examinar es la importancia de la fortaleza y el autocontrol. Entender cómo navegar tu propia respuesta emocional a diferentes situaciones puede requerir un poco de autocontrol. Es algo que tienes que pensar conscientemente, en lugar de simplemente esperar que suceda. Necesitas sentir tus emociones, procesar esas emociones, dejar de lado estas emociones y luego actuar de manera lógica cuando todo haya terminado. El requisito para hacer esto es una mente fuerte, y la mayoría de las personas no nacen con esta habilidad. Es algo que se puede desarrollar con mucho entrenamiento y práctica.

En muchas situaciones, la idea de autocontrol se verá como lo mismo que poder resistir la tentación. Para muchos, esto podría estar relacionado con controlar los malos hábitos, o la comida y el exceso de dulces. En el caso de este libro, se trata más de resistir la tentación de actuar según tus emociones. Dado que la mayoría de las reacciones emocionales se verán como reacciones exageradas, definitivamente es una victoria de tu lado si puedes resistirlas.

El autocontrol es algo que necesita ser aprendido. Mientras que puedes encontrar algunas áreas de tu vida en las que tienes buen autocontrol, hay algunas áreas en las que necesitas trabajar. Por ejemplo, puedes tener mucha dedicación y disciplina en el trabajo que realizas, pero luego fallas en lo que respecta a los tipos y cantidades de alimentos que consumes.

Es posible desarrollar más autocontrol en las áreas que deseas, siempre y cuando estés dispuesto a poner el esfuerzo necesario para lograrlo. El primer paso para hacerlo es establecer metas que te gustaría alcanzar. No importa dónde quieras mejorar en tu vida, tener un destino final y pasos para llegar allí es crucial. La mitad de la batalla con esta autodisciplina es saber qué necesita hacerse. A menudo procrastinamos y nos estancamos cuando no tenemos un buen plan de acción en marcha. Una vez que tenemos un buen plan, es más fácil entender el problema para que podamos trabajar en la cuestión.

Supongamos que has establecido un objetivo de ser un pensador imparcial. Establecerías eso como el objetivo final, y luego puedes desarrollar objetivos más pequeños para ayudarte a llegar a ese resultado. Puedes establecer los pasos como desees, pero hazlos claros y concisos, establece una fecha límite para cumplir con cada uno, y no te rindas hasta que llegues allí.

Cuando atravieses este proceso, asegúrate de enfocar tu energía en un objetivo a la vez. Si intentas trabajar en dos o más objetivos, encontrarás que es realmente difícil alcanzar alguno. En lo que te concentras va a crecer y cambiar contigo, así que elige el objetivo que sea más importante para ti y mantente en él hasta que esté completo. Una vez que hagas eso, podrás agregar un nuevo objetivo que desees alcanzar.

Capítulo 5: Usando el Estoicismo para Liberarse de los Celos y la Codicia

Una vez que hayas trabajado en tener un pensamiento imparcial y mejorado tu autocontrol y tu fortaleza, es hora de pasar a usar el Estoicismo para liberarte de la ira, la codicia y los celos. Estos sentimientos se consideran algunos de los peores tipos de rasgos humanos. Estas emociones a menudo surgen de sentimientos de insuficiencia en tu propia mente. Muchas veces dejamos que nuestras mentes se descontrolen y podemos imaginar cosas que son extrañas o que realmente no están allí. En realidad, la acumulación en tu cabeza rara vez se refleja cuando lo miras en tu vida real.

Por ejemplo, los celos son una emoción negativa que a menudo se puede encontrar cuando estás en una relación personal. Una pareja que se siente insegura puede comenzar peleas con su ser querido para sentirse mejor. En la mente de esta persona, imaginan que un pequeño hábito, como llegar a casa del trabajo un poco tarde, será por infidelidad u otras cosas malas, en lugar de simplemente retrasarse debido al tráfico o trabajar tarde en la oficina.

La respuesta de iniciar una pelea por algo que en realidad no es nada se debe al escenario ficticio que estabas construyendo en tu propia mente. Te sientes molesto y enojado por algo que nunca sucedió, anticipando que la acción sí ocurrió. Esto puede causar muchos problemas en una relación porque una pareja ha dejado que su imaginación y sus emociones se apoderen de ellos y les molesten, y la otra pareja se siente confundida y herida porque se les acusa de hacer algo que nunca hicieron.

En lugar de darle a tu imaginación tiempo para divagar, deberías decidir conscientemente pensar en cosas más positivas. En el ejemplo anterior, en lugar de imaginar que tu pareja está tardando porque te está engañando, piensa en todas las opciones más probables y razonables de por qué está tarde. Si esto no está funcionando, haz una llamada rápida a tu pareja y averigua por qué está retrasada.

Por otro lado, siempre darle a las personas el beneficio de la duda también puede ser algo malo. Por ejemplo, si tu pareja siempre llega tarde a casa desde la oficina porque te está engañando, aún es importante confiar en tus instintos. No quieres crear ideas negativas en tu cabeza donde los problemas no existen realmente, pero también quieres escuchar tu intuición y prestar atención a esas emociones si te están diciendo que algo no va bien.

Esta es la belleza del estoicismo. Puedes seguir sintiendo emociones. Pero puedes mirarlas lógicamente y decidir si son realmente ciertas o no y cómo quieres reaccionar. Si sientes que tu imaginación simplemente se está descontrolando, entonces puedes elegir dejar a un lado esos miedos y seguir adelante. Pero si miras esas emociones y sientes que algo no está bien, puede ser momento de investigar un poco y luego decidir desde dónde actuar.

Liberarte de estas emociones puede hacer mucho cuando se trata de mejorar tus relaciones y asegurarte de que todos los involucrados obtengan una mejor calidad de vida. Llegar al fondo de lo que está desencadenando estas emociones en ti es realmente la mejor manera de detener esas emociones en seco. Recuerda aquí que no estás ignorando tus emociones; en cambio, vas a procesar y luego reaccionar a todas las emociones que tienes de una manera más racional.

De hecho, cuanto más inteligencia emocional tengas en tu vida, más fácil será para ti convertirte en un estoico. El objetivo aquí es que no supriman las emociones. Está bien sentir las emociones, pero no dejes que tomen el control de tu vida. Aprender cuáles son tus desencadenantes emocionales y tomarte el tiempo para evaluar realmente lo que está sucediendo dentro de ti puede ayudarte a tener más control no solo sobre tus emociones, sino también sobre otros aspectos de tu vida como estoico.

Ahora vamos a hacer un pequeño ejercicio. ¿Hubo alguna vez un momento en que te sentiste enojado y molesto por algo que parecía bastante pequeño? Pero aún así generaste una enorme respuesta, una que estaba exagerando la situación. ¿Realmente fue esa cosa más pequeña la que te hizo enojar desde el principio, o hubo un desencadenante más grande que ocurrió en el fondo y que luego influyó en esa reacción en el pequeño problema?

Por ejemplo, tal vez un día veas que tu cónyuge dejó un poco de mantequilla de maní en la encimera cuando terminó de hacer un sándwich. Algunos días pasas, la devuelves al refrigerador y eso es el final de la historia. Pero hoy, te enojas mucho y reaccionas. No estás realmente enojado por la mantequilla de maní en este momento. De hecho, puede ser porque tuviste un mal día en el trabajo y te sientes desvalorizado en tu vida. O puedes sentir que es una falta de cuidado y consideración, una que sientes que es una tendencia creciente entre ustedes dos en la relación.

Si quieres ayudarte a reaccionar de la manera adecuada a las situaciones que te rodean, entonces necesitas lidiar con el problema más grande y original antes de que se salga de control. Esto no significa que debas repasar absolutamente todo lo que sucedió en tu relación desde que comenzó. La mejor idea con la que puedes trabajar es señalar las cosas cuando surgen por primera vez. Si las mantienes reprimidas, entonces será algo pequeño lo que te hará sobrerreaccionar ante la situación.

Y aquí es donde el estoicismo puede entrar en juego. Cuando ocurre una situación en tu relación que termina haciéndote enojar o molestar, entonces te detendrás a pensarlo. Puedes decidir si el problema es realmente algo por lo que deberías estar molesto. Si crees que es un gran problema, hablarás con tu pareja al respecto en ese mismo momento. Pero si decides que no es un gran problema, lo dejarás pasar y soltarás el tema en ese mismo instante.

Esto puede ser algo que sea difícil para muchas personas. Se aferrarán a sus emociones y a las cosas que los enojan. No quieren agitar las aguas y hacer las cosas difíciles. Pero luego ignoran los problemas tanto que todo explota por algo que es pequeño y sin importancia. Usar el estoicismo para decidir cómo enfrentar todas las situaciones puede hacer una gran diferencia en cómo manejas cada situación.

Abordar el problema que realmente te está molestando, antes de que tenga la oportunidad de convertirse en un gran problema, es la mejor opción. Si te encuentras con problemas al respecto, considera hablar con un consejero capacitado que te ayude a clasificar las diferentes emociones que estás sintiendo. Muchos de nosotros podemos atravesar gran parte de nuestras vidas sin abordar algunos de los problemas que enfrentamos, por lo que encontrar la mejor manera de comenzar puede parecer casi imposible. Pedir ayuda también puede ser difícil, pero te ayudan a profundizar en esos sentimientos para que entiendas mejor de dónde provienen, y puedes racionalizarlos y resolverlos mejor.

Incluso si no te tomas el tiempo para hablar con un profesional capacitado, asegúrate de aprender a comunicarte abiertamente con los demás. Reprimir las cosas y nunca expresar tus opiniones y preocupaciones complica las cosas de varias maneras. Primero, si las mantienes encerradas dentro de ti, te sentirás mal contigo mismo, y algo trivial hará que explotes. Y si mantienes esas emociones dentro, nadie sabe cuál es tu situación en la vida, y eso puede dificultar las relaciones.

Esta comunicación puede ser útil. Las otras personas a tu alrededor no están tratando de hacerte daño. Puede que ni siquiera se den cuenta de que están haciendo algo que te molesta o algo incorrecto hasta que se los hagas saber. Están tan atrapados en sus propias cosas que no se dan cuenta de que las acciones que toman están causando algunos problemas y enojo a otros.

No quieren que esto sea cruel para los demás; es simplemente la manera en que se acostumbraron a manejar las situaciones. Una vez que les digas que algunas acciones les molestan, estarán más que felices de hacer los cambios. Solo recuerda que esta comunicación es una calle de doble sentido y si ellos expresan una preocupación con algunas de las acciones que tú haces, sé abierto y no lo tomes como algo personal tampoco.

Esto no te da el derecho a criticar a la otra persona sin cesar. No puedes ser cruel al respecto. Necesitas abrir las líneas de comunicación y discutir tus preocupaciones con alguien, pero si notas que han tenido un mal día o parece que algo les está sucediendo, entonces tal vez debas dejar de lado tus preocupaciones. No saques a relucir las preocupaciones como una forma de iniciar una pelea con la otra persona. Úsalo como una manera de cubrir tus necesidades de manera constructiva.

La ira, la codicia y los celos pueden ser la perdición de muchas personas y muchas relaciones. Son emociones que nadie realmente quiere sentir, porque pueden hacernos sentir horribles y bajos. Aprender cuándo surgen estas emociones en nosotros, cómo evitar esas emociones y cómo reaccionamos ante ellas puede realmente marcar la diferencia en cómo te sientes y cuán saludables son tus relaciones. El estoicismo es una gran manera de descubrir la verdadera razón por la que estás lidiando con estas emociones, y puede ayudarte a ganar el control que necesitas sobre estas emociones negativas.

Capítulo 6: Cómo Superar Emociones Destructivas

Si alguna vez has permitido que tus emociones dominen la situación, sabes cuánto esto puede meterte en problemas. Aquellos que tienen un temperamento explosivo, incluso si es solo ocasionalmente, saben que estas emociones abrumadoras realmente pueden llevarlos a actuar de una manera de la que no se sienten orgullosos después. Pueden decir cosas que no quieren decir, pueden hacer acciones con las que no están contentos, y esto puede causar mucha desconfianza y tensión en cada relación.

Además de causar problemas contigo y con quienes te rodean, estos sentimientos de ira y estrés van a afectar tu bienestar personal. La celosía y la envidia a menudo pueden surgir de sentimientos de insuficiencia y baja autoestima. Cuando carecemos de confianza en nosotros mismos, a menudo tenemos dificultades para controlar nuestras emociones. Nos sentimos fuera de control, sentimos celos de aquellos que confían en sus propias habilidades, y todo esto puede hacernos sentir enojados.

Cuando nos sentimos de esta manera, continuamos manifestando aún más ira y más estrés, lo que puede ser perjudicial para mantener el control, así como para nuestra salud. Cualquier emoción que nos cause daño, y que pueda causar daño a quienes nos rodean, es destructiva. Pero esta es la realidad con la que viven muchas personas, y dado que no aprenden a separarse de estas emociones, terminan en un ciclo vicioso en el camino.

Si deseas implementar el estoicismo en tu vida, entonces debes aprender que estas emociones destructivas no tienen lugar en tu vida. No solo las malas emociones como la codicia, la envidia, los celos y la ira son destructivas, sino que demasiado felicidad también puede ser un problema. ¿Cómo puede la felicidad ser una emoción destructiva? Si eres feliz pero eso te convierte en una persona que es desconsiderada y descuidada hacia los demás, entonces la felicidad también puede volverse mala.

Por ejemplo, si eres dueño de tu negocio y tienes algunos empleados que trabajan contigo, debes asegurarte de que todas las acciones que tomes no van a afectar el negocio de manera negativa. Estar muy feliz y emocionado, y nunca pedir la opinión de tu equipo y de otros antes de tomar una nueva dirección en tu negocio puede convertir tus acciones en destructivas.

Dado que las emociones de destrucción feliz no son tan probables como las otras de las que hablamos, vamos a omitir estas en esta guía y dedicaremos más tiempo a centrarnos en las negativas. Estas emociones negativas pueden llevar a mucha ansiedad, depresión y estrés en tu propia vida, lo que también puede manifestarse en las relaciones que tienes. Como estoico, es importante que aprendas a salir de la ciénaga y la opresión de estos pensamientos para que puedas mantener el control y vivir una vida feliz y productiva al mismo tiempo.

Esto puede parecer difícil de hacer. Vivimos en un mundo donde es normal que las personas repriman sus emociones, presionándolas hacia adentro y ignorándolas. Pero esto nunca funciona. Todo lo que hace suprimir las emociones es hacer que estallemos por alguna tontería, y sacar el control de nuestras emociones de nuestras propias manos. El estoicismo va en contra de estas ideas, permitiéndote expresar estas emociones de una manera segura y efectiva donde puedes tener el control y decidir cuál es el mejor momento y lugar para dejar salir las emociones, o incluso decidir que la situación no justifica la reacción en absoluto.

Un buen método que puedes usar para traer un poco de equilibrio a tus emociones destructivas es encontrar cosas positivas que puedan contrarrestarlas. La atención plena se puede utilizar en este escenario. Aprende a ser más consciente de tu entorno y concéntrate en encontrar lo bueno en la vida. A menudo nos atrapamos demasiado en las cosas negativas, en las cosas que no están saliendo como queremos. Pero una vez que comenzamos a buscar lo bueno, es asombroso cuánto bien aparecerá.

Si aún no lo has hecho, comenzar una meditación diaria puede ser una buena forma de conectar más y centrarte en las emociones que tenemos. La meditación te permite tomarte un respiro de la realidad, ralentizarte y despejar la mente, y básicamente te puede hacer abrazar tus sentimientos y pensamientos con el objetivo de controlarlos y dominarlos. Incluso dedicar quince minutos durante el día para sentarte solo en silencio puede hacer maravillas para ayudarte cuando comienzas con el Estoicismo.

Mientras realizas tu sesión de meditación, o incluso si optas por pasar por terapia, deberías detenerte a reflexionar sobre cómo tus emociones han impactado tu vida exterior. Por ejemplo, si eres propenso a estallidos de ira, puedes considerar cómo afectan tu trabajo y a quienes te rodean, tus relaciones y qué tan exitoso eres en tu vida. ¿Has perdido muchas oportunidades debido a la actitud que tienes?

Muchas veces, asumimos que son otras personas las que nos impiden tener éxito. Pensamos que nos perdemos cosas porque a alguien no le gusta, porque la vida no es justa, o porque no tenemos control sobre la situación, pero en realidad, es porque esos brotes de ira que experimentas te están alejando de tus compañeros de trabajo y haciendo que parezca que no eres la persona adecuada para el trabajo. El control es completamente tuyo, solo necesitas aprender a manejar la ira y tus otras emociones negativas para que esto suceda.

Poder hacer las conexiones entre esta causa y efecto está realmente en el corazón de la ideología estoica. Como dice la historia, o el viejo adagio, cada acción va a tener una reacción. Cada paso que has dado en el pasado es un resultado del que vino antes. Cuando comienzas a reconocer estos patrones, y luego trabajas en hacer los cambios correctos cada vez que ves un problema, es una excelente manera de usar el estoicismo como un medio para tener más confianza y crecimiento personal en general.

Este proceso va a llevar algo de tiempo. Necesitas aprender más sobre ti mismo, aprender a negar patrones emocionales destructivos, y aprender a controlar esas emociones para que puedas vivir tu vida basada en la lógica, en lugar de en tus emociones, tanto como sea posible.

Capítulo 7: Cómo utilizar el estoicismo para enfrentar la negatividad en tu vida

El estoicismo incluso puede ser usado para ayudarte a atacar las cosas negativas que están ocurriendo en tu vida. Muchas veces, la negatividad parece seguirnos a todas partes. Nadie quiere lidiar con ello, pero en realidad es una parte de la vida con la que necesitamos enfrentarnos. Puede que no consigamos el trabajo que queremos, esas cuentas vencen de vez en cuando, y las cosas malas suceden sin importar cuán duro intentemos evitarlas. El estoicismo nos ayuda a lidiar con estas situaciones negativas. No siempre puedes controlar las situaciones que te ocurren, pero puedes controlar cómo reaccionas ante esas situaciones.

Una de las mejores maneras de atacar cualquier situación negativa que ocurra en tu vida es imaginarlas en la realidad. En realidad, sabes que la negatividad va a ocurrir, y es algo que necesitarás abordar. Mientras que algunos libros de autoayuda hablan sobre cómo simplemente eliminar todos esos malos pensamientos de tu vida, esto generalmente no funciona, y no detiene que las cosas malas ocurran.

Con la teoría del estoicismo, se nos enseña a imaginar y pensar lógicamente en el peor de los escenarios. Aunque no se trata de que te detengas y te preocupes por cada cosa mala que te puede suceder en la vida, sí te pide que estés preparado para ellas.

Cuando estás preparado para las cosas malas, o las cosas negativas, no te sorprenderán cuando ocurran; puedes mantener el control sobre tus emociones.

Si eres capaz de sacar todas las diferentes emociones de una mala situación antes de que ocurra, descubrirás que estás mejor preparado para lidiar con esa situación cuando realmente suceda. Por ejemplo, ¿alguna vez has tenido una vez en la que pensaste que perderías tu trabajo porque cometiste un pequeño error? El miedo y el pavor de perder tu trabajo pueden ser paralizantes. Pero esto no sucederá si ya lo pensaste y te preparaste para lo peor. Es probable que no pierdas tu trabajo en absoluto, así que mantuviste todas las emociones fuera de la mezcla y de la situación.

En el escenario anterior, ¿qué sucederá si pierdes tu trabajo por ese pequeño error? ¿Podrías encontrar un trabajo de inmediato? ¿Tendrías la opción de volver a la escuela? ¿Tienes suficiente dinero en el que confiar o podrías encontrar algo para salir adelante durante unos meses? Pensar en esto te ayuda a elaborar un plan en el improbable caso de que te despidan por ese pequeño error. Y a menudo, descubrirás que las cosas estarán bien si te despiden. Esto puede hacer que incluso el peor de los casos parezca no ser gran cosa, y podrás sobrellevar la situación mejor sin preocuparte de que las emociones se interpongan.

La realidad en la vida es que hay muchos eventos que pueden sucederte a lo largo de tu vida, pero muy pocos de ellos van a ser mortales. Que el coche se descomponga, que algo necesite ser reparado en la casa, perder tu empleo, y más no te matarán y no serán el fin del mundo a menos que se lo permitas. Tomarse el tiempo antes de que sucedan para reflexionar sobre cómo reaccionarás en esas situaciones puede hacer una gran diferencia en cómo se desarrolla la situación para ti.

Capítulo 8: Estoicismo en Tu Vida Moderna

Para muchas personas, la idea de practicar el estoicismo parece imposible. Piensan que esta es una idea antigua, una que solo puede funcionar en la Grecia antigua. Es posible que no entiendan cómo funciona esta filosofía y decidan que es demasiado difícil para ellos aprenderla e implementarla en sus propias vidas. O les preocupa que se volverán demasiado distantes y fríos si deciden optar por el estoicismo, por lo que descartan esta escuela de pensamiento.

Aunque los tiempos han cambiado desde los inicios del Estoicismo, y ya no estamos en la antigua Grecia, todavía existen las mismas condiciones humanas en el mundo de hoy que había en el pasado. Nosotros, como humanos, continuamos lidiando con las mismas preguntas fundamentales, que incluyen:

· ¿Cómo puedo superar los miedos que tengo en la vida?

· ¿Cuál es la mejor manera de manejar cualquier éxito y fracaso en mi vida?

· ¿Es posible para mí ser una buena persona y ayudar a los demás, mientras sigo siendo exitoso?

- ¿Por qué tengo tanto miedo a la muerte?

- ¿Cómo manejo mis emociones cuando siento que están tratando de apoderarse de mí?

- Quiero vivir una vida que sea buena, pero ¿qué significa eso en realidad?

Los fundamentos que vienen con el estoicismo todavía pueden ser utilizados hoy en día. De hecho, dado que la base de esta escuela de pensamiento incluye un buen razonamiento y realismo, pueden ser incluso más relevantes hoy que nunca. Puede ayudarte a aprender cómo amar mejor a los demás, cómo soportar emociones negativas y cómo tener más control sobre tu propia vida.

En el estoicismo, aprendes cómo funcionan realmente las cosas, en lugar de imponer tus propias ideas sobre ellas y desear que funcionen de la manera que tú quieres. De aquí provienen muchas frustraciones y enojos en nuestro mundo moderno. Queremos poder controlar todo. Queremos que todo y cada minuto de nuestras vidas encajen a la perfección, y luego, cuando la vida termina yendo por el camino que ella quiere, en lugar del que nosotros también queremos, nos frustramos mucho.

Cuando aprendes que no tienes control sobre todo, puedes entonces tomar tus decisiones sobre cómo quieres reaccionar y sobre las cosas que realmente puedes controlar. Así que, si estás ansioso porque estás esperando cosas que ni siquiera pueden quedarse o llegar, las cosas pueden no salir como queremos. Puede haber ciertas cosas que podemos hacer para mejorarlas, pero siempre hay un poco de incertidumbre, y necesitamos aceptar eso.

Digamos que quieres tener buena salud. Tienes cierto control sobre algunas partes de tu salud. Puedes intentar comer saludablemente y hacer mucho ejercicio. Puedes asegurarte de salir y pasar tiempo con otras personas que son importantes para ti. Incluso puedes ir a tu chequeo anual para asegurarte de que estás bien. Pero aun así, habrá momentos en los que te enfermarás, a pesar de tus mejores esfuerzos. Puedes enfermarte con menos frecuencia que los demás, pero aún así te resfriarás o algo similar en el camino.

Enojarse por este hecho solo va a empeorar las cosas. Todos se enferman y se agotan en ocasiones, y eso es solo parte de la vida. Puedes sentirte molesto y frustrado y desquitarte con la gente. O puedes simplemente abastecer tu botiquín, tomarte un día libre del trabajo para relajarte y luego continuar con tu día. ¿Cuál de estas suena como un mejor uso de tu tiempo y esfuerzo y te hará sentir más feliz al final?

Otro tema en el que el Estoicismo puede ayudar es la idea de la soledad. Cuando miramos esta emoción desde el punto de vista de un estoico, es básicamente un sentimiento que necesita cualquier tipo de ayuda que te falta. Es una especie de impotencia que se ha combinado con un sentido de aislamiento.

Esto no es cómo la mayoría del mundo ve la idea de la soledad. Pensamos en esta emoción como algo que surge cuando estamos lejos de las personas más de lo que queremos o cuando hemos perdido conexión con un lazo cercano (como cuando un amigo cercano se muda o perdemos a un ser querido), o incluso cuando una persona tiene cierta ansiedad sobre la calidad de sus lazos. Pero la definición estoica puede ser más útil. Hay muchas veces en que estamos solos sin otras personas y no nos sentimos solos, así que la definición tradicional no puede ser la correcta.

Si dejas que el sentimiento de soledad te domine, puede que

tengas problemas incluso para vivir tu vida moderna. Digamos que conoces a una viuda que suele empezar a sentirse sola cerca del final de marzo porque era su esposo quien hacía todos los impuestos. Como estoica, no se centraría en esa emoción, aunque está bien extrañar al esposo. Se daría cuenta de que usar un software de impuestos o un contador podría hacer que las cuentas estuvieran hechas y podría satisfacer la necesidad básica que ha causado la soledad.

La viuda va a sentirse sola porque tú piensas en los impuestos como una tarea que la hace infeliz, una que no quiere hacer porque no necesita el recordatorio de que su esposo ya no está. La procrastinación por la que pasa demuestra una fantasía de que podría traer de vuelta a su esposo al pretender que él no está. Ella puede entender que terminar el trabajo es la mejor opción y probablemente la haría sentir mejor, pero está determinada a que no la hará sentir menos sola.

Cuando se trata de algunos de los problemas más espinosos con los que tenemos que lidiar a lo largo de nuestra vida, el remedio es simplemente aceptar las cosas que no puedes resolver con tus propias acciones y aprender a evitar la infelicidad adicional de anhelar la solución o a la persona que podría resolverlo por ti. También deberías tener cuidado de no reprocharte en esta situación porque no has traído al solucionador de problemas adecuado para mejorar las cosas. Esto solo empeora la situación a largo plazo.

La soledad es solo uno de los problemas con los que puedes tener que lidiar en lo que respecta al estoicismo en nuestro mundo moderno. Quieres ser capaz de manejar todas las emociones negativas, incluyendo el anhelo, la soledad, la ansiedad y la ira. Puede que solo tengas una o dos de estas que sean realmente malas en tu vida, pero aún así es importante tomarse el tiempo para aprender a manejar estas emociones intensas y no dejar que te controlen.

Superar estas emociones negativas es algo que va a requerir mucho entrenamiento. Piensa en dominar el estoicismo como lo harías con cualquier otra habilidad, como un nuevo instrumento, haciendo algo en matemáticas o aprendiendo a conducir. Necesitas dedicar tiempo a practicar y tomar lecciones, y vas a cometer errores. Pero mejora con el tiempo.

El estoicismo puede ayudarte a encontrar remedios para la ira y otras emociones negativas, para que puedas sentirte mejor y no tener que preocuparte por cómo estas toman el control de tu vida. Tomemos un ejemplo de ira. Si estás lidiando con la ira de manera regular, algunos de los pasos que un estoico podría usar para ayudarle a manejar la ira y no dejar que tome control sobre su vida incluirán lo siguiente:

· Participa en algo de meditación con anticipación para ayudarte a sentirte más tranquilo y no dejar que la ira tome el control.

· Controla la ira tan pronto como los síntomas comiencen a aparecer. Nunca esperes en esto porque la ira puede salirse de control rápidamente.

· Trata de evitar a las personas que te hacen enojar e irritar, y en su lugar, concéntrate en aquellas que son serenas y más fáciles de llevar. La mente estoica podrá determinar quién se ajustará mejor a ellos.

· Realiza alguna actividad con propósito que pueda relajar la mente y hacer que el estrés y la ira desaparezcan.

· Encuentra entornos en los que puedas pasar tu tiempo que tengan colores agradables.

• No intentes entablar una conversación profunda cuando te sientas cansado.

· No participes en estas mismas conversaciones profundas cuando sientas hambre o sed.

· Participa en la distancia cognitiva. Esto es básicamente cuando aprendes a retrasar tus respuestas para que puedas reflexionar sobre ellas y elegir las reacciones adecuadas para la situación.

Este es solo un ejemplo de cómo puedes usar una mente estoica para ayudarte a lidiar con la ira que está ocurriendo. Pero puedes emplear estos mismos pasos si estás lidiando con la soledad, la frustración, la tristeza u otras emociones negativas. Es importante aprender a reconocer esas emociones y reconocer que están allí. Pero a partir de ahí, puedes pasar a pensar lógicamente sobre cómo deseas que se desarrolle la situación, cómo quieres parecer ante los demás, y mucho más.

Capítulo 9: Los métodos estoicos para ayudar a mejorar tu vida moderna

Si estás buscando una guía que te ayude a mantener toda tu cordura en nuestro complicado y ajetreado mundo moderno, entonces el Estoicismo es la opción adecuada para ti. Puede que te preguntes por qué querrías seguir una escuela de pensamiento que proviene de los antiguos griegos, pero cualquiera que lo haya probado en el pasado e implementado en su vida ha descubierto que puede ser una gran manera de mejorar su vida, controlar sus emociones y mucho más. Nuestro mundo moderno, quizás más que en cualquier otro momento de la historia, realmente necesita un marco sólido que les ayude a establecer prioridades, orientarse y aprender a apreciar todo lo bueno en su vida mientras manejan todo lo malo.

Mientras que las ideas del estoicismo pueden parecer complicadas o como si fueran demasiado antiguas para aplicarse a nuestras vidas modernas. Pero de muchas maneras, cuando comienzas a incorporar estos principios en tu vida a diario, te sorprenderás de lo liberador que puede sentirse.

Cuando se trata de añadir más estoicismo a tu vida, hay cuatro virtudes principales que son muy importantes para ver resultados. Estas incluyen:

- Sabiduría práctica: Este es el conocimiento de lo que es malo y lo que es bueno, y lo que se necesita hacer en ambos casos.

- Coraje: Esto no se refiere solo al coraje físico. También se va a hablar sobre el coraje moral o el coraje que necesitas para enfrentar todos tus desafíos cada día con integridad y claridad.

- Templanza: Este va a ser el ejercicio de moderación y autocontrol en todos los diferentes aspectos de tu vida.

- Justicia: Aquí es donde trabajarás en tratar a los demás de manera justa, incluso si te han hecho daño.

En la base de esta filosofía está la idea de respetar a otros humanos. Los antiguos estoicos fueron el único grupo de personas libres en esa época que se opuso abiertamente a la esclavitud y que consideró que las mujeres debían tener los mismos derechos que los hombres. Dicho esto, es una gran ideología para implementar en tu propia vida cada vez que quieras hacer mejoras, o cuando veas que las cosas parecen ser abrumadoras para manejarlo por tu cuenta.

En este capítulo, vamos a examinar algunos desafíos modernos comunes que muchas personas tienden a enfrentar, así como el enfoque que utilizarías como estoico para ayudarte a manejar esa situación. A medida que avanzas, verás rápidamente que este es un gran método para añadir a tu propia vida, que es simple, y verás resultados en poco tiempo.

Estoy bajo estrés todo el tiempo.

A pesar de lo que a veces pueda parecer, el estrés no es algo que se te imponga. A menudo se convierte en parte de tu vida porque tienes expectativas que son erróneas, estás apegado a ciertos resultados que esperas, o intentas controlar cosas a lo largo de tu vida que no puedes controlar.

Digamos que te gustaría terminar de preparar una habitación para que tus padres ancianos se muden, pero no pudiste hacerlo antes de la fecha límite que te impusiste. Debes aceptarlo, en lugar de enojarte y sumirte en el arrepentimiento. Recuerda que no siempre puedes controlar los resultados de las situaciones. Pero también puedes convertir esto en una buena experiencia de aprendizaje para establecer expectativas más realistas la próxima vez.

Una práctica que puedes probar cuando quieras abordar este problema es sacar un diario y escribir las respuestas a tres preguntas importantes. Estas preguntas son: ¿Qué podría haber hecho de manera diferente hoy? ¿Cuáles fueron algunas de las cosas que hice bien hoy? ¿Qué hice mal hoy?

Tengo demandas que son realmente implacables en mi tiempo

Un estoico a menudo se dará cuenta de que su tiempo es un recurso muy preciado. Y se niega a regalarlo fácilmente, ya que nunca puede recuperar ese tiempo. También sabe que no debe desperdiciar su tiempo en cosas que no valen la pena. Como estoico, es importante aprender cuándo debes decir no a las personas, especialmente cuando no es algo que quieras hacer o algo con lo que te sientas cómodo cediendo.

En la misma idea, asegúrate de que no estás robando tiempo a las personas que realmente importan para ti. Sí, puedes tener cinco horas disponibles después del trabajo, pero dar 4 a una persona puede significar que te pierdes tiempo con tu familia o con aquellos que más amas. Como estoico, necesitas poner un fuerte énfasis en la responsabilidad hacia tu familia, así que el tiempo tomado de ellos nunca es algo bueno y lo evitan tanto como sea posible.

Termino pasando mucho tiempo en línea, y luego me siento mal.

Como estoico, reconoces que la tecnología no es algo malo, pero tampoco es siempre algo bueno. La forma en que utilizas esta tecnología es lo que realmente está bajo tu control, y puede ayudarte a ser una mejor persona. No tienes que renunciar a la tecnología y al tiempo en línea solo porque eres estoico. Pero si estás perdiendo tiempo en línea, difundiendo chismes en línea y utilizando eso en lugar de pasar tiempo con tu familia, entonces hay algo malo con la tecnología.

Si usas tu entrenamiento estoico de la manera adecuada, descubrirás que la tecnología digital puede ser como un gimnasio de virtudes. Te brinda muchas oportunidades para ejercitar tu carácter y tu ética. Cuando las personas dicen cosas que son crueles contigo o agresivas, puedes elegir no responder al asunto. Puedes eliminar la publicación o dejar de seguir en su lugar si no puedes ignorarlo, pero evitar una gran confrontación puede ser la mejor manera de asegurarte de mantener tu control sobre la situación sin dejar que te supere.

Aunque no estoy mal económicamente, nunca me siento contento con mis posesiones y riqueza.

Este es un gran problema que muchas personas en el mundo moderno sienten. Pueden tener un buen ingreso, pero a menudo somos bombardeados con muchos anuncios y otros medios que nos muestran vidas glamorosas. Vemos todas las cosas que otras personas tienen, y sentimos que estamos quedándonos atrás. Esta emoción de envidia y celos puede asomar su fea cabeza y hacer muy difícil ser feliz con las cosas que ya tenemos.

No hay nada en la ideología del estoicismo que diga que la riqueza es mala o que no puedes tener riqueza y usarla para tener una buena vida. Los antiguos estoicos provenían de todos los ámbitos de la vida. Algunos eran esclavos y algunos eran muy ricos. No hay nada de malo en el dinero o en tener dinero, pero el estoicismo a menudo lo ve como una gran tentación si no sabes cómo usarlo adecuadamente. Cuanto más tienen las personas de riqueza, más se van a centrar en experiencias y posesiones costosas, y más querrán.

¿Cómo te sacas de este ciclo interminable de obtener más dinero y luego siempre querer más? Primero, necesitas reconocer que las posesiones son solo objetos externos, cosas que puedes perder. Sí, es agradable tenerlas y tienes suerte de poseerlas, pero es posible que tu suerte cambie en cualquier momento, y entonces todas esas cosas se irán.

Ahora, este es el peor de los casos, perder todas tus posesiones. Ahora que has podido aceptar mentalmente este resultado, que es poco probable, puedes aprender a cambiar tu mentalidad sobre las cosas que posees. Si te encuentras con problemas con esto, puede que quieras intentar "practicar" no tener cosas por un tiempo. Esto les ayuda a acostumbrarse a la idea de que todo lo que tienen va a ser prestado del universo, y que tienes suerte de tenerlos.

Cuando aprendemos a apreciar más las cosas que tenemos y las vemos como regalos del universo, parte de ese anhelo por más riqueza, por más posesiones, desaparecerá. A veces se trata de eliminar algunas emociones, como la envidia y los celos, de la situación para ayudarte a apreciar lo que tienes y evitar preocuparte por cosas materiales.

A medida que envejezco, siempre me siento preocupado por la salud que tengo.

Todos nosotros tenemos condiciones de salud a medida que envejecemos, sin importar cuán bien nos cuidemos a lo largo del camino. Si bien hay algunas cosas que puedes hacer para ayudar a mejorar tu salud, como comer bien, tener algunas interacciones sociales en lugar de estar aislado, visitar al médico y ser físicamente activo, el envejecimiento puede alcanzarte. Puedes reducir la gravedad de esto, pero notarás una diferencia entre tu cuerpo de 60 años y tu cuerpo de 40 años.

En este escenario, es importante reconocer lo que puedes controlar y lo que no puedes controlar. También deberías aprender a soltar el deseo de controlar los resultados en tu vida porque estos definitivamente están fuera de tu control. Puedes evitar cosas malas, comer bien, hacer ejercicio y tomar las decisiones médicas correctas durante todo el día, pero todavía te vas a enfermar de vez en cuando, y no siempre puedes controlar el resultado de esa enfermedad.

En cierto sentido, cuando te preocupas demasiado por ti mismo y por si te enfermarás o no, estás participando en una forma de narcisismo, una actitud que los estoicos querrán evitar. Puedes evitar esto simplemente reconociéndote en tu lugar en el espacio y el tiempo. En un mundo donde enfocarse en uno mismo se considera completamente normal, esto puede llevar tiempo. Y no es una invitación a olvidarte de ti mismo y nunca cuidarte. Pero es una forma de aprender a soltar varias cosas, como resfriarte, que no puedes controlar.

Siento miedo cuando pienso en morir.

No importa lo aterrador que pueda parecerle a algunas personas, la muerte es natural, y es algo que le sucederá a todos. Debemos aceptar esto, o es imposible ser verdaderamente feliz mientras vives tu vida. Si constantemente temes a la muerte y te preocupas por ella, ¿cómo se supone que vas a disfrutar la vida que tienes? No puedes controlar la muerte. Vendrá en cualquier momento y de la manera que quiera, no importa lo que tengas que decir al respecto, y tratar de forzarla a comportarse de otra manera es inútil. Aceptar la muerte y el más allá puede ser una buena manera de encontrar la verdadera felicidad.

Parte de aceptar la muerte es prepararse para ella, pero definitivamente esto no es algo en lo que los estadounidenses trabajen. Nunca elaboran un testamento, no se preocupan por un poder notarial, y nunca emiten una orden de no resucitar. Esto puede dificultar mucho el final de tu vida, tanto para ti como para aquellos que tienen que cuidar de ti.

Los estoicos consideran que es una cosa muy valiente prepararse para la muerte y el final de la vida, y es un ejercicio refrescante. Este ejercicio te obliga a superar tus miedos, tu ansiedad e incluso tu ira para que pienses de una manera racional. Según incluso los estoicos más antiguos, la mayor prueba de carácter es cómo uno maneja los últimos momentos de su vida. Prepárate para tu final de vida con anticipación, enfrenta tus miedos, y pronto verás cómo ser un estoico puede beneficiar tu vida.

Los ejemplos que discutimos anteriormente son grandes maneras de mostrar cómo el estoicismo, aunque es una filosofía antigua, puede ser utilizado en nuestro mundo moderno. Más que nunca, nuestro mundo moderno ha dejado a las personas emocionales, fuera de control, estresadas y sin saber qué hacer. Implementar la filosofía estoica en tu vida y tratar de seguirla tanto como sea posible puede ser la respuesta que necesitas para ayudar a resolver muchos de los problemas importantes que enfrentas hoy.

Una vez que superes la idea errónea de que el estoicismo se trata solo de ser frío y desalmado, verás que en realidad es un gran enfoque que puede ayudarte a mejorar tu vida y ver grandes beneficios.

Capítulo 10: ¿Implementar el estoicismo en mi vida?

Este manual ha tomado un tiempo para hablar sobre las diversas partes del estoicismo. Observamos los principales principios que vienen con esta antigua escuela de pensamiento, por qué es tan importante para las diferentes partes de tu vida, e incluso algunas ideas sobre cómo puedes comenzar a implementarlo hoy. Pero ahora es el momento de echar un vistazo a algunos de los fundamentos de por qué deberías implementar el estoicismo en tu vida, y los fundamentos de por qué puede hacer grandes mejoras en tu vida, incluso en nuestra vida moderna.

Te ayuda a construir mejores relaciones

Uno de los mejores beneficios que podrás obtener al comenzar con el Estoicismo es que te ayuda a tener mejores relaciones con todos los que te rodean. Obtienes el beneficio de tener una mejor relación con tu familia, con amigos, con compañeros de trabajo y con otras personas que encuentras cada día. Puede que tome algún tiempo lograrlo, pero si trabajas en ello, verás una gran mejora en tu calidad de vida en general y en los tipos de relaciones que puedes disfrutar.

Piensa en lo difícil que es para otras personas estar a tu alrededor. Cuando explotas por cosas pequeñas o te pones demasiado emocional y no puedes detenerte porque las emociones han comenzado a dominarte, puedes ser muy impredecible y difícil de tratar. Puede que alejes a muchas personas de ti, personas que realmente no quieren lidiar con todas las emociones, o que fueron lastimadas en el camino y decidieron rendirse.

Con el Estoicismo, puedes cambiar esto. Puedes tomar el control de esas emociones y decirles cuándo quieres que salgan. Esto no significa que no se te permita tener ninguna emoción en absoluto. Simplemente significa que necesitas dar un paso atrás de las emociones, pensar en esas emociones de manera objetiva, decidir si la situación justifica esas emociones en absoluto. Si la situación justifica la emoción, entonces puedes expresarla. Si la situación no justifica esa emoción, entonces necesitas aprender a simplemente dejarla ir y seguir adelante.

Te ayuda a no preocuparte por las pequeñas cosas

A menudo, las cosas que son más pequeñas son las que nos hacen preocuparnos más. Un vaso dejado en la encimera es un asunto menor, pero muchas veces dejamos que se salga de proporción y luego terminamos discutiendo porque ese vaso fue dejado afuera. Nos preocupamos por llegar unos minutos tarde a la escuela. Nos preocupamos por lo que llevamos puesto y si alguien pensará que se ve mal. Nos preocupamos por un millón de cosas pequeñas, y dejamos que estas cosas se apoderen de nuestras vidas, pero ninguna de ellas realmente vale la pena.

Con el estoicismo, comenzamos a mirar nuestras vidas y nuestras acciones y a tomar decisiones conscientes sobre cómo queremos reaccionar ante las cosas. Aprendemos a dejar ir todas las pequeñas cosas que no podemos controlar. Si llegas tarde al trabajo porque sales de casa demasiado tarde, entonces haz un cambio y sal de casa unos minutos antes. Pero si llegas tarde al trabajo una vez porque hubo un accidente en la carretera que detuvo todo el tráfico, entonces simplemente déjalo pasar.

Te sorprenderá cuántas pequeñas cosas retienes y las conviertes en grandes problemas una vez que comienzas a investigarlas. Permitir que estas pequeñas cosas controlen tus emociones y causen problemas realmente no vale la pena. Usa el estoicismo para ayudarte a dejar ir las pequeñas cosas, mantener tus emociones bajo control y ver cuánto puede crecer tu felicidad con el tiempo.

Te ayuda a tener más control sobre tu vida

¿Alguna vez sientes que estás perdiendo el control que deseas en tu vida? ¿Sientes que otros toman las decisiones por ti, o que tus emociones están arruinando todas tus relaciones? Entonces, es hora de hacer algunos cambios y el Estoicismo puede lograr los resultados que te gustaría.

Si tus emociones tienen control sobre tu vida, se vuelve realmente difícil para ti obtener las cosas que deseas. Si un poco de enojo puede hacerte reaccionar de forma exagerada y luego dices o haces algo que no quieres decir, esto puede ser muy dañino en muchos aspectos de tu vida. Si estas emociones de enojo te hacen ser cruel y decir cosas malas a tu pareja, entonces puedes descubrir que se cansan y se van. Si dejas que estas emociones salgan cuando estás en el trabajo o en otras situaciones sociales, podrías dificultar hacer amigos, llevarte bien con los demás e incluso mantener tu empleo.

Cuando comienzas a implementar las ideas del estoicismo en tu propia vida, descubrirás que es más fácil recuperar ese control.

Recuerda que el estoicismo no significa que debas estar desprovisto de emociones. Simplemente significa que decides cuándo y cómo utilizar esas emociones. Si observas una emoción y decides que no es la correcta para esa situación, o decides que no quieres perder tu tiempo en esa emoción, entonces avanzarás y manejarás la situación de una manera diferente.

En algunos casos, sin embargo, puedes decidir que es mejor dejar salir la emoción. Los estoicos sienten ira en algunos momentos. Pero en lugar de dejar que se convierta en furia desenfrenada y arruine su forma de interactuar con los demás, utilizan esa ira para ayudar a decirle a alguien qué les molesta o incluso para provocar un cambio en el mundo. Un estoico puede ser fácilmente feliz y alegre por algo, pero aprenden a gestionarlo de manera que la emoción no se apodere de ellos y los convierta en algo malo. En el estoicismo, hay incluso espacio para las otras emociones, el estoico simplemente tiene más control sobre ellas y puede tomar las grandes decisiones sobre cuándo y cómo usar esas emociones.

Puede ayudarte a manejar el estrés mejor.

¿Cuántas veces sientes que el estrés se apodera de ti? Sientes que estás abrumado por lo que está sucediendo en tu vida, puede que quieras gritar y enojarte, los músculos de tu cuello se tensan y puede que incluso encuentres tus manos convertidas en puños a tu lado. El estrés puede causar tantos problemas en el cuerpo, como un aumento en la frecuencia cardíaca, condiciones de salud, dolores de cabeza, y mucho más. Pero a pesar de estos problemas, descubrirás que la mayoría de los estadounidenses están lidiando con el estrés, al menos a tiempo parcial, y no parecen poder deshacerse de él.

El estrés a menudo será un efecto secundario de no poder controlar lo que sucede a tu alrededor. Quieres tener control, pero descubres que algunas cosas simplemente no van a funcionar de la manera que te gustaría. Además, podría ser el resultado de problemas para gestionar tu tiempo y decir que no a cosas que realmente no significan mucho para ti (como ayudar más en el trabajo cuando preferirías pasar tiempo con tu familia), lo que puede hacernos sentir muy estresados.

El estoicismo puede ayudarte a lidiar con el estrés en tu vida. Aprendes a reconocer las emociones que están sucediendo en tu mente, y luego puedes tomar decisiones basadas en lo que te hará más feliz y asegurarte de que obtienes lo que quieres de la vida. Cuando puedes tomar decisiones inteligentes que faciliten tu vida, y cuando aprendes a dejar ir las cosas sobre las cuales no tienes control, descubrirás que el estrés comienza a desaparecer.

Te ayuda a vivir en el momento presente

¿Cuántas veces enfocas tu energía en pensar en lo que sucedió en el pasado, o en lo que va a suceder en el futuro? Ahora compara ese tiempo con cuánto tiempo realmente pasas concentrándote en el aquí y ahora, en las cosas que realmente importan en este momento de la vida. A menudo, lo último solo va a suceder cuando ocurra algo grande y significativo en nuestras vidas, pero como resultado, nos estamos perdiendo de tanto que puede ser asombroso.

Deja de concentrarte tanto en el pasado y el futuro. No puedes hacer nada sobre lo que sucedió en el pasado, y hasta que alguien cree una máquina del tiempo y puedas usarla para regresar, solo tienes que vivir con lo que ocurrió. Y aunque puedes tomar decisiones diferentes para ayudar a influir en el futuro, tampoco puedes tener control total sobre lo que te va a suceder en el futuro. Entonces, ¿por qué preocuparte tanto y angustiarte por ello, y por qué gastar tanto de tu tiempo enfocándote en eso, cuando podrías simplemente centrar tu energía en el aquí y ahora y ver algunos grandes resultados en su lugar?

Te ayuda a dejar de importar lo que los demás piensen de ti.

A todos nos ha pasado. Nos preocupamos por la forma en que los demás nos perciben. Nos vestimos de una manera determinada porque pensamos que es importante tener una cierta apariencia para diferentes eventos. Nos preocupa que cuando cometemos un error, los demás piensen menos de nosotros y se burlen de nosotros, y esto puede causar una serie de otros problemas en el camino.

Con el estoicismo, puedes aprender a no preocuparte tanto por estas cosas. Puede ser difícil. Vivimos en una sociedad donde las apariencias parecen importar más de lo que deberían, y todos queremos vivir a un estándar imposible que las celebridades nos imponen. Pero esta no es la forma en que vive la mayoría de la gente, y tú tampoco deberías. Simplemente añade estrés, saca nuestras propias inseguridades y mucho más.

El estoicismo puede ayudarnos a dar un paso atrás y no centrarnos tanto en lo que piensan los demás. En cambio, aprenderás más sobre cómo dar un paso atrás, descubrir por qué tu apariencia hacia los demás es tan importante y luego hacer los cambios necesarios para liberarte de esa idea y simplemente disfrutar de la vida en su lugar.

Aprende a estar agradecido por lo que tienes

A menudo, nuestras emociones pueden hacernos sentir desagradecidos o tristes por las cosas que tenemos. Podemos tener un buen lugar para vivir, comida en la mesa y mucho más, pero aun así sentimos que nos falta algo o que no tenemos las mismas cosas o calidad de vida que tienen los demás. Esto puede dificultar la sensación de felicidad, y esos sentimientos de ira, celos y envidia solo continúan empeorando.

Cuando logramos implementar un poco más las ideas del estoicismo en nuestras vidas, encontramos que es más fácil estar agradecidos por lo que tenemos. Cuando vemos que alguien más tiene algo bonito, o algo que deseamos. Podemos elegir no reaccionar y luego dar un paso atrás y ver todas las cosas buenas que realmente tenemos. Y una vez que echamos un vistazo a todas las bendiciones que ya tenemos, se vuelve mucho más fácil estar agradecidos.

Implementar el Estoicismo en tu vida no siempre va a ser fácil. Los humanos pueden ser criaturas muy emocionales y apagar esas emociones, o al menos ser capaces de controlarlas y pensarlas de manera crítica, no es algo a lo que estamos acostumbrados. Pero los consejos y trucos en este manual están ahí para ayudarte en el camino y te brindarán la orientación y la ayuda necesarias para realmente ver cómo el Estoicismo funciona para tus necesidades.

Capítulo 11: ¿Es posible volverse demasiado estoico?

La siguiente pregunta que puede tener sobre la ideología del estoicismo es si es posible ser un estoico extremo. ¿Es posible llevar esta idea demasiado lejos y volverse tan estoico que nadie quiera estar cerca de ti? Si estás siguiendo los principios que tenían los padres fundadores del estoicismo, no es posible llevar esto al extremo. Dicho esto, el estoicismo a veces puede ser utilizado de manera impropia y esto le ha dado la fama de ser una existencia sin emociones, donde la persona es extremadamente lógica y fría y no tiene en cuenta los sentimientos de la otra persona.

Cuando se trata del estoicismo, encontrarás que puede ser la combinación perfecta de compasión y lógica. Aún puedes sentir tus emociones, aún puedes sentir la situación de otra persona, respetar sus límites, y las leyes de la naturaleza y de esta tierra, y aún así tomar decisiones que sean lógicas y que no tengan emociones que las controlen o impulsen. Aunque esto no parezca así para alguien que no ha practicado el estoicismo, las emociones en realidad son una parte importante del proceso de toma de decisiones. Simplemente decides de manera lógica si vas a permitir que las emociones jueguen un papel en tu reacción o no.

Supongamos que estás pensando en cambiar de trabajo. Hay algunos beneficios que vienen con trabajar en tu trabajo actual, incluyendo un coche de la empresa y un buen paquete de beneficios que ya disfrutas. Basado en la idea de seguridad financiera, realmente no tienes un buen argumento para dejar esta posición. Sin embargo, a cambio de estos beneficios, tienes muchas horas largas y estrés por estar allí, y te sientes bastante agotado cada día. Esto puede afectar negativamente tus relaciones e incluso tu capacidad para encontrar algo de alegría en la vida.

En muchos casos, un individuo, incluso uno estoico, decidiría dejar su trabajo seguro e ir por el otro si ofrecía un salario decente, buenos beneficios y prometía menos horas para que pudiera disfrutar de la vida. Estas pueden no parecer elecciones lógicas al observar las finanzas, pero las consideraciones emocionales jugaron un papel en esta decisión.

Si el estoicismo se trataran solo de la lógica de las cosas tangibles, como sus ingresos, habría una solución; quédate donde estás. Pero nadie puede ignorar completamente sus emociones. De hecho, los sentimientos y las emociones, específicamente la respuesta al estrés, son la forma en que el cuerpo te dice que algo no está bien y que necesitas hacer algunos cambios en tu situación. Las emociones no tienen que ser ignoradas en ninguna situación, pero realmente necesitas considerarlas al tomar decisiones, en lugar de dejar que te dominen y te controlen.

Incluso como estoico, tus decisiones serán un equilibrio entre la razón lógica y la emocional. Un buen compromiso sería aguantar en el primer trabajo mientras buscas un nuevo lugar para trabajar. Esto significa que todavía podrás recibir tus ingresos y tus beneficios hasta que encuentres algo que disfrutes más.

Si comienzas a perder conexiones con los demás, entonces sabes que has llevado la idea del estoicismo demasiado lejos. Pensar de manera demasiado lógica significa que vas a restar demasiado tiempo a algunas de las cosas simples que deberías disfrutar en la vida. Y ser demasiado lógico puede hacer que parezcas frío y poco comprensivo con los que te rodean, alejando las relaciones. El estoicismo debería ser una forma de mejorar tus relaciones, no de alejar a los demás. Si sientes que la gente se está alejando por la forma en que actúas, entonces es hora de hacer algunos ajustes a lo que estás haciendo con el estoicismo.

Capítulo 12: Cómo utilizar el estoicismo a largo plazo

Si decidiste que era el momento de incorporar el Estoicismo en tu vida a partir de mañana, ¿cuál sería el mejor lugar para empezar? No hay realmente un punto de partida claro, porque, como cualquier otra filosofía, el camino no siempre es directo. Tu mejor opción es aprender tanto como sea posible sobre el Estoicismo y luego construir a partir de ahí. Aprender nuevos conceptos puede requerir algo de práctica, y experimentar un poco con el Estoicismo y ver cómo funciona para ti.

Pasar de un desastre emocional, como muchos de nosotros, a ser estoico puede ser un gran ajuste para el cerebro. Necesitas realmente pasar por el proceso y reprogramar la forma en que piensa. Cuanto más empieces a escuchar sobre el estoicismo, más te rodearás de las ideas que vienen con el estoicismo, y cuanto más te expongas al estoicismo, más fácil será reprogramar el cerebro para comportarse de la manera que deseas. Incluso empezar a hacer algo de meditación puede marcar una gran diferencia en cómo ves el mundo, en cuánto puedes controlar tu ira y en cuánto puedes implementar el estoicismo en tu vida.

Durante este tiempo de educación, asegúrate de poner en práctica las palabras que más te impacten. Si hay algunas ideas o pasajes que te parezcan relevantes, asegúrate de añadirlos a tu catálogo moral. Si te gusta la idea de ganar control sobre tus emociones, entonces trabaja en eso. Si te gusta la idea de dejar ir cosas que no puedes controlar, entonces enfoca tu energía en eso.

A medida que aprendas más sobre el Estoicismo, hables con otros que usen el Estoicismo, y te familiarices más con el Estoicismo, encontrarás muchas cosas que realmente despertarán tu interés. Mantén estas cerca, y cuando las cosas se pongan difíciles, asegúrate de recordarlas. Recuerda que solo escuchar estas palabras de manera regular puede ser suficiente para reentrenar el cerebro a una nueva forma de pensar. Escribe las ideas y luego revísalas de vez en cuando, y observa la diferencia que pueden hacer en tu vida.

Pero todo tu proceso hacia el estoicismo no debería ser solo acerca de leer y escribir cosas todo el tiempo. Necesitas realmente ponerte a trabajar y realizar algunas acciones para obtener los beneficios del estoicismo en tu vida. Debes monitorear conscientemente tus emociones a lo largo del día. Esto no va a suceder por sí solo. El cerebro quiere aferrarse a sus hábitos tradicionales y formas de pensar. Tienes que realmente reflexionar sobre tus emociones y lo que quieres que suceda en lugar de simplemente dejar que esas emociones ocurran.

Por ejemplo, digamos que te sientes molesto o ansioso. Puedes tomarte un tiempo para sentarte con esos pensamientos, sin reaccionar, y averiguar qué los está causando en primer lugar. Lo que quizás no te des cuenta aquí es que tus emociones van a tener una conexión directa desde el cerebro hasta el cuerpo. Cuando nuestro estómago se siente como si estuviera en nudos, a menudo es el cerebro tratando de señalarnos que algo no está bien en ese momento. Si puedes averiguar qué está causando esos sentimientos, entonces te será más fácil hacer que desaparezcan.

Otra cosa en la que puedes trabajar cuando comiences con el estoicismo es no preocuparte por las pequeñas cosas. Muchas veces, las cosas que realmente parecen molestarnos más son las más insignificantes, aquellas que en realidad no importan tanto. La próxima vez que te quedes atrapado en el tráfico, o que tengas que escuchar a tu jefe hablar sin parar durante una reunión, permite que las emociones aparezcan, pero luego invítalas a que simplemente pasen sobre ti.

Sí, a veces te sentirás enojado o molesto por la situación, pero estos momentos van a pasar. Permítete notar el sentimiento, pero luego decide activamente que no le vas a asignar ningún valor en absoluto y que no vas a reaccionar, hasta que la mente haya tenido tiempo para repasar la información.

Nuevamente, una de las mejores cosas que puedes hacer cuando comienzas con el Estoicismo, especialmente si eres propenso a mucha ira, estrés y frustración, incluye la meditación. Hay muchos métodos diferentes de meditación que puedes probar, y todos pueden brindarte excelentes resultados. El objetivo aquí, sin importar qué forma de meditación decidas seguir, es ayudarte a aprender más sobre tu ser interior, tomarte un descanso de la vida y comenzar a darte cuenta de que las cosas pequeñas no importan tanto.

Solo necesitas dedicar unos quince minutos al día, ya sea justo al levantarte por la mañana o justo antes de irte a la cama. Este es un tiempo suficiente para calmarte, despejar la mente y ayudarte a tomar el control de lo que sientes. Explora algunos tipos diferentes de meditación y prueba algunos de ellos para averiguar cuál te gusta y cuál quieres seguir practicando.

Usando el Estoicismo para planificar tu futuro

Planificar tu futuro puede ser una tarea aterradora para algunas personas. Les preocupa no tener suficiente dinero para pagar las cuentas. Les preocupa que algo malo suceda. Pero la mayoría de las personas solo tienen miedo de las cosas que no pueden controlar y que las pueden alcanzar cuando piensan en el futuro. Pero cuando pasas todo tu tiempo consumido por el miedo al futuro,

Aunque el destino va a jugar algún papel en cómo resulta tu vida, tu nivel final de felicidad va a depender de ti. Esta es tu oportunidad para aprovechar al máximo tu vida. Esto puede significar que necesitarás hacer algunos cambios grandes en tu vida, o podría ser tan simple como reorganizar cómo ves lo que ya está sucediendo en tu vida. Sin embargo, antes de hacer los grandes cambios, explora hacer algunos pequeños reajustes para ayudarte a hacer esto de la manera más efectiva.

Por ejemplo, cuando miras tu vida, ¿ves que realmente es tan indeseable, o simplemente eres desagradecido o egoísta con lo que ya tienes en tu vida? Si descubres que solo estás siendo egoísta, entonces lo único que necesitas hacer es aprender a controlar tu pensamiento y tu estado emocional, y las cosas mejorarán. Si miras a tu alrededor y notas que tu vida realmente no es deseable, entonces es hora de hacer algunos cambios importantes en tu vida para agregar más felicidad.

Si decides que es momento de hacer algunos grandes cambios en tu vida, entonces es hora de averiguar qué quieres hacer para que puedas hacer un plan. Pregúntate algunas cuestiones como "¿Qué podría estar haciendo para vivir una vida que sea más gratificante? ¿Qué estoy haciendo ahora que me hace feliz? ¿Qué estoy haciendo para dar significado a las vidas de los demás?"

Aunque estas preguntas pueden parecer un poco vagas en algunos casos, ese es un poco el punto. Cada uno de nosotros necesita explorar estas preguntas por su cuenta y descubrir las respuestas. Cada persona va a obtener diferentes respuestas y es probable que cambien. Pero depende de ti averiguar las respuestas a todas estas y luego elaborar el plan que te impulse hacia adelante.

En este punto, puede que no sepas cómo empezar en el estoicismo y cómo crear un plan para mejorar tu propia vida. Aquí hay algunas tareas concretas en las que puedes pensar para ayudar a que este plan comience. Primero, elige un objetivo tangible que quieras alcanzar y luego escríbelo. Pégalo junto con algunas de tus citas favoritas del estoicismo y déjalas en un lugar donde puedas encontrarlas fácilmente.

Digamos que tuviste una gran idea de volver a la escuela para estudiar arte. Esto es algo que siempre has querido hacer, pero escuchaste a tu mente lógica y te metiste en una carrera que tenía más dinero y más estabilidad. Pero tu carrera actual realmente no ayudó a llenar tu alma. Así que, ahora estás listo para regresar a la escuela de arte y ver cómo te va con eso.

En este punto, la pregunta es, ¿cómo harás esto? ¿Dónde irás a la escuela? ¿Necesitarás ayuda para financiar la escuela? ¿Cuánto tiempo puedes dedicar a esto? ¿Vas a seguir trabajando mientras asistes a la escuela y cómo afectará esto tu plan general? ¿Quieres hacer esto como un complemento o te gustaría hacerlo como una carrera a tiempo completo?

Piensa en todos los pequeños pasos que necesitarás dar para ayudarte a alcanzar estos objetivos. Luego asegúrate de anotarlos. Una vez que tengas todos los diferentes pasos en su lugar, puedes desglosarlos en pasos pequeños para darte un mapa claro.

Recuerda que una mente estoica es a menudo lógica. Está bien seguir algunas de las pasiones que tienes en la vida, pero si simplemente saltas a la acción por las emociones, sin pensar en las consecuencias o en el plan de ataque, entonces no estás actuando como un estoico. Anotar todo esto como un plan bien pensado realmente puede ayudarte a asegurarte de que lo hagas de la manera correcta.

Durante todo este proceso, puede que sientas que estás siendo abrumado con todos los pequeños detalles y el arduo trabajo que se necesita para alcanzar la meta. Incluso puede que comiences a sentir un poco de ansiedad y miedo a medida que empieces a construir tu mapa. Este es otro lugar donde el Estoicismo también puede entrar en juego. Utiliza las habilidades que has aprendido con el Estoicismo para dar un paso atrás y sentarte con tus emociones.

Piensa en lo que realmente está causando estas emociones. ¿Tienes miedo de todo el trabajo que tienes que hacer para alcanzar tu meta? ¿Tienes miedo de que vayas a fracasar? Mientras piensas en esta meta, reflexiona sobre cuál será el peor escenario si no obtienes tu título en arte. Si tienes un plan establecido, es probable que lo peor a lo que tengas que enfrentarte sea que te quedes en tu trabajo actual y no puedas seguir tus pasiones. Esto puede ser difícil, pero al menos aún tienes estabilidad y un empleo, y puedes volver a intentar algo más tarde.

La motivación para realmente trabajar en algunos cambios en tu vida y enfocarte en las cosas que te hacen feliz puede ser la raíz del Estoicismo. Si bien te pide que reflexiones sobre tus emociones y tengas un plan de ataque cuando estés listo para manejar cualquier situación que esté fuera de tu control, estos pueden usarse para ayudarte a ver el éxito que deseas en la vida. Para algunas personas, esto puede ser difícil de hacer. Quieren seguir sus emociones porque es fácil, pero como vimos en el ejemplo anterior, se muestra que puedes escuchar tus emociones, pero aún usarás tu lado lógico para ayudarte a tomar esa decisión.

Puedes usar estas mismas ideas cuando se trata de cualquier decisión importante que desees seguir. Piensa en la cosa que va a hacer la mayor diferencia en tu vida. ¿Qué te va a hacer feliz en el aquí y ahora? Una vez que tengas eso claro (y puede estar influenciado por tus emociones), puedes usar tu mente estoica para elaborar un plan lógico para alcanzar realmente los resultados que deseas para el éxito.

Ahora que te has dado un discurso de motivación, es hora de repasar esa lista que has hecho, tachando las tareas hasta que hayas alcanzado la meta. Mantén en mente la visión general todo el tiempo. Y cuando realmente alcances la meta, descubrirás que estás haciendo algo que realmente amas, algo que te ayuda a hacer una buena contribución a tu comunidad, y también obtienes el beneficio de disfrutar los frutos de tu trabajo a lo largo del camino.

Planificar tu futuro puede ser difícil. Hay tantas variables que entran en juego, pero a menudo la principal razón por la que no nos sentamos a pensar en nuestro futuro es que tenemos miedo de lo que sucederá. Una vez más, hemos decidido dejar que las emociones se interpongan en nuestro propia felicidad, y nos hemos alejado de emplear el pensamiento lógico para mejorar nuestras vidas. Cuando empieces a trabajar más con el Estoicismo y a implementarlo en tu vida con las herramientas que discutimos en este manual, descubrirás que puede hacer grandes mejoras en tu futuro y planificar tu futuro mucho mejor de lo que jamás podrías haber imaginado.

Conclusión

Gracias por llegar al final del Estoicismo. Esperemos que haya sido informativo y que te haya proporcionado todas las herramientas que necesitas para alcanzar tus metas, sean cuales sean.

El siguiente paso es encontrar maneras en las que puedas implementar el estoicismo en tu propia vida. Muchas personas tienen una idea equivocada sobre el estoicismo. Piensan que para ser estoico o seguir alguna de las ideas que acompañan al estoicismo, necesitas estar vacío de emociones, ser frío y carecer de simpatía por los demás. Pero, como exploramos a través de esta guía, los estoicos no carecen de emociones, simplemente saben cómo tener emociones sin preocuparse de cómo esas emociones van a tomar el control sobre ellos.

Vivir una vida de estoicismo es una gran opción para trabajar. Puedes hacer una evaluación de todas las emociones que tienes y elegir si deseas expresarlas o tomar un rumbo diferente. Esto te da una gran libertad, puede mejorar tus relaciones, te ayuda a avanzar en la vida y es una de las mejores maneras de mejorar tu calidad de vida.

Cuando estés listo para aprender más sobre el Estoicismo y cómo puede beneficiar tu vida, asegúrate de echar un vistazo a esta guía para ayudarte a empezar.